A TO Z GREAT MODERN ARTISTS

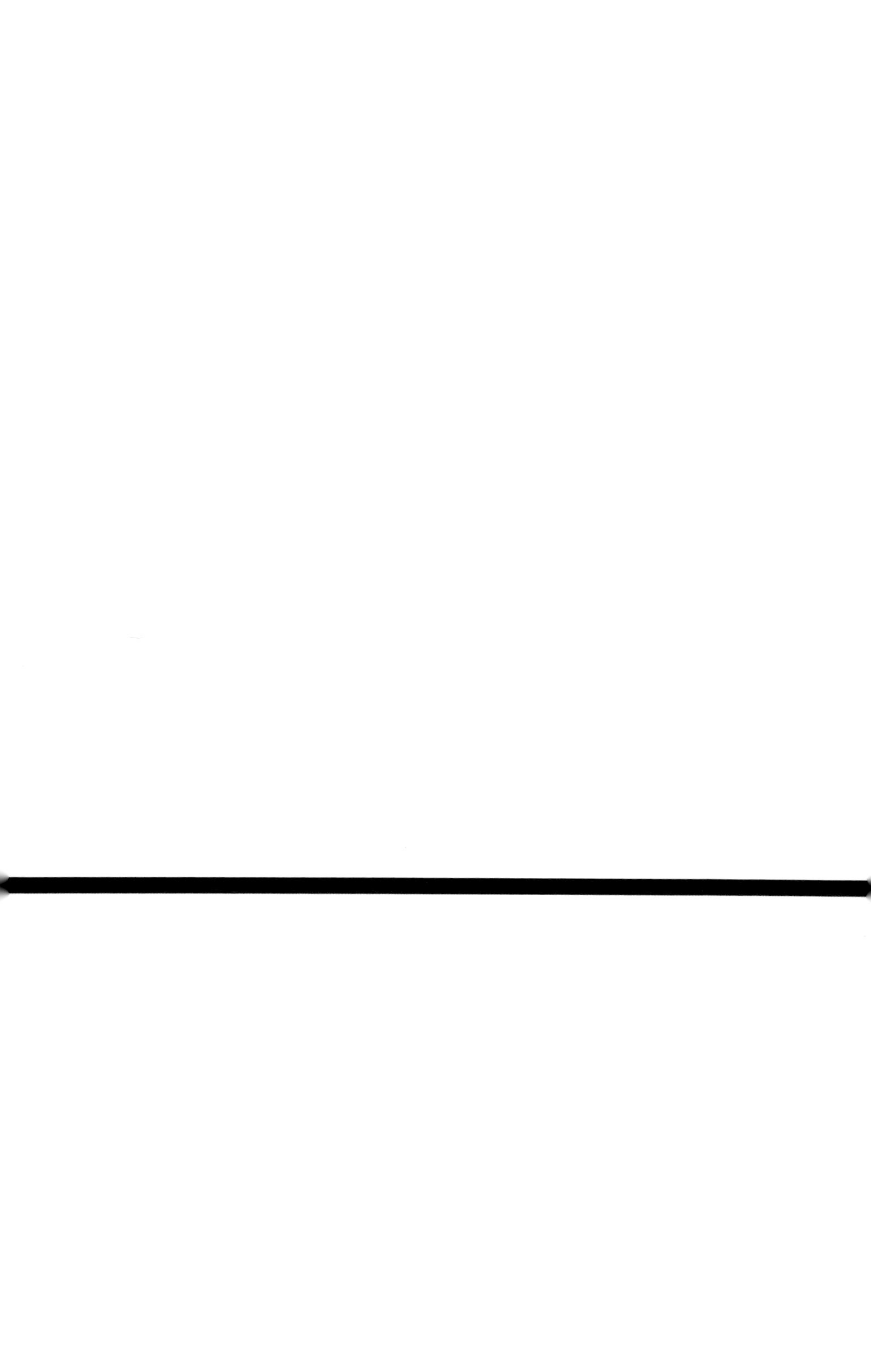

看懂所有艺术家A-Z

（英）安迪·图伊　绘　（英）克里斯托弗·马斯特　著

陈佳凰　译

四川文艺出版社

图书在版编目（CIP）数据

看懂所有艺术家A–Z /（英）安迪·图伊绘；（英）克里斯托弗·马斯特著；陈佳凰译.—成都：四川文艺出版社，2017.2
ISBN 978-7-5411-4510-0

Ⅰ. ①看… Ⅱ. ①安… ②克… ③陈… Ⅲ. ①艺术家–介绍–世界 Ⅳ. ①K815.7

中国版本图书馆CIP数据核字（2016）第272600号

A-Z Great Modern Artists
First published in Great Britain in 2015 by Cassell,
a division of Octopus Publishing Group Ltd. .
Carmelite House, 50 Victoria Embankment
London EC4Y 0DZ.

著作权合同登记号 图进字：21–2016–269

KANDONG SUOYOU YISHUJIA A-Z
看懂所有艺术家A–Z
（英）安迪·图伊 绘 （英）克里斯托弗·马斯特 著
陈佳凰 译

策划出品 磨铁图书
责任编辑 余 岚 周 轶

出版发行 四川文艺出版社（成都市槐树街2号）
网　　址 www.scwys.com
电　　话 028–86259285（发行部） 028–86259303（编辑部）
传　　真 028–86259306

邮购地址 成都市槐树街2号四川文艺出版社邮购部 610031
排　　版 北京东安嘉文文化发展有限公司
印　　刷 北京华联印刷有限公司
成品尺寸 149mm × 210mm 1/32
印　　张 7 字　　数 100千字
版　　次 2017年2月第一版 印　　次 2017年2月第一次印刷
书　　号 ISBN 978-7-5411-4510-0
定　　价 48.00元

CONTENTS

PREFACE 前言

2011年，我自娱自乐地画了一系列当代艺术家的插画。那时，我万万没有想过这些图片会出版。就在我设计字母海报的时候，我决定把艺术家作为下一个题材。结果画完一张又一张，最后竟然凑够了一本书。我觉得用一种易于理解的方式向新一代人绘声绘色地介绍这些20世纪和21世纪的艺术家，应该不至于过时吧。幸运的是，我的出版商同意了我的观点。

这本书并非权威教科书，而且我也没有断言书中介绍的人物就是我们这个时代最顶尖的艺术家。乍一看，52这个数字似乎挺折中的，然而它远远不足以代表所有值得赞美的艺术家。要把那么多伟大的天才从中筛掉着实不易，也免不了有所遗漏。经过一番深思熟虑，并咨询了美术史学家克里斯托弗·马斯特之后，全书最终呈现出您现在所见的模样。我的选择标准是，这些艺术家必须给艺术界带来意义深远的影响；而该书所呈现的内容，应该在传统赞颂的基础上，更多地以一种全球眼光来描绘当代艺术。

我希望《看懂所有艺术家A-Z》这本书能激励读者去探索更多书中提到的非西方艺术家，包括苏丹的伊尔-萨拉赫、印度的菲达·侯赛因、日本的吉原和中国的晓刚等。

这些插画与说明文字的创作过程一波三折。其间，我儿子出生了，失眠和截稿日期成为我不甚愉快的睡眠伙伴。不过，工作带给我无上的激情，我从未停止过画画。每一个艺术家的故事都鼓励着我，促使这些画作最终装订在一起，成为这本被您捧在手里的书。希望您从阅读中获得的享受，跟我在写写画画的设计过程中得到的一样多。

Andy Tuohy

安迪·图伊

艺术不在于重建现实，而在于创造一个与之抗衡的真实。

——阿尔贝托·贾科梅蒂

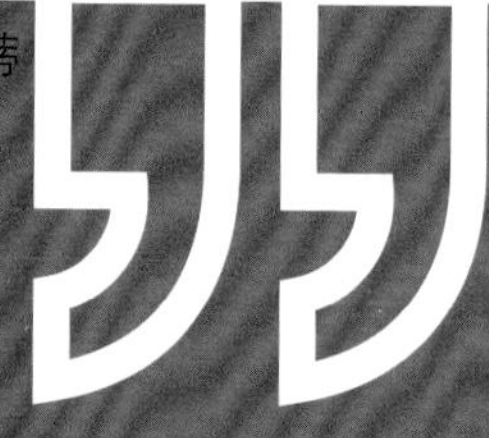

A
亚伯斯

JOSEF ALBERS 约瑟夫·亚伯斯

德国人
1888—1976

约瑟夫·亚伯斯（1888年出生于德国博特罗普）严谨地探索抽象画的形式特征，尤其是在一幅作品中不同颜色之间的关系。他对年轻的艺术家起了关键影响，其中也包括他的学生罗伯特·劳森伯格。在欧洲和美国的艺术教育发展过程中，他是一个举足轻重的角色。

亚伯斯以工匠般的态度对待艺术，这一点来源于他父亲洛伦兹的影响。洛伦兹是一名房屋油漆工和室内装潢师，然而他并没有为自己的儿子规划艺术家生涯。1908年，亚伯斯在博特罗普当老师的时候，才开始画第一幅画。1913年到1915年，他在柏林的Königliche Kunstschule学习艺术，随后又去了慕尼黑和魏玛新成立的包豪斯设计学院进行深造。

1925年，亚伯斯成为包豪斯的教师。他强调纪律，强调对材料的精通，也专注于对形式问题的分析研究，他用玻璃创作的抽象作品就是最好的例证。这一切与当时他的瑞士同事，即表现主义画家约翰·伊顿相左，形成强烈对比。不过，亚伯斯的艺术表现最终成为包豪斯代代相传的要义。

亚伯斯和他的太太安妮一路跟随包豪斯的发展，见证了它整个奥德赛般的历程。由于政治压力，包豪斯从魏玛迁到德绍，最后又来到柏林。1933年，希特勒上台后，学校被迫关闭了。不过幸运的是，亚伯斯这时刚好获得在美国北

去哪里欣赏亚伯斯的作品？

- 博特罗普，约瑟夫·亚伯斯与安妮·亚伯斯基金会收藏馆及档案馆
- 纽约，现代艺术博物馆
- 纽约，所罗门·R.古根海姆博物馆
- 伦敦，泰特现代美术馆

你知道吗？

亚伯斯把他钟爱的裸麦粉粗面包三明治当作自己艺术目标的隐喻。他把自己的家乡德国用面包、火腿和芥末做的简单三明治和美国的巨型三明治做了对比——“他们把芝士、腌菜、芥末、番茄和番茄酱通通放进火腿三明治里”——通过这种方式，他批评了被他称为“美国抽象表现主义”的奢华式绘画。

卡罗来纳州的黑山学院任教的机会。他在那里一直工作到1949年，其间担任过劳森伯格的老师。随后，他又在许多机构任教，其中包括耶鲁大学。

他的战后作品《土砖》，是一系列不同特定主题的作品，例如《变体：棕色、赭色和黄色》（1948年）。这些作品的相同点是它们都有建筑特性——亚伯斯的作品风格正来源于此——画作正中央总是由框状的元素围着一个窗口状的领域。亚伯斯在每一幅画里通过不同色调的变化，创造出空间、光线和颜色的微妙效果，以此说明形状或色调之间的关系远比单独的元素本身更重要。

亚伯斯的艺术生涯诠释了艺术作品创造出超过其物理实相本身的感知效果，不过这并不代表他不重视它们的材质。1950年，他开始画一个作品《向正方形致敬》，所用的材料是梅森奈特纤维板碎片的粗边，作品延续他一贯的风格，强调媒介的特殊性质。对亚伯斯而言，艺术不仅是思想转换的体验，也是一门实用的学科。

《向正方形致敬》，梅森奈特纤维板油画，1955年

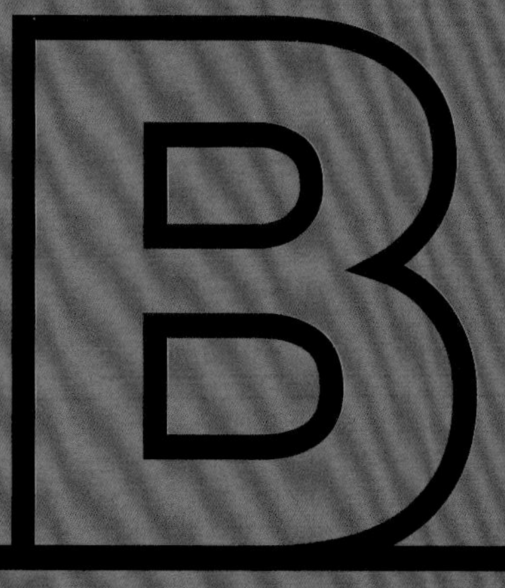

培根

巴斯奎特

博伊斯

布尔乔亚

布拉克

FRANCIS BACON 弗朗西斯·培根

英裔爱尔兰人
1909—1992

弗朗西斯·培根（1909年出生于爱尔兰都柏林）凭借他的怪诞人物画像获得了巨大的成就，当然，偶尔也有几幅中规中矩的肖像画。尽管受到巴勃罗·毕加索和其他现代主义画家的影响，他却把人体纳入了动态甚至离心状的结构中，从而开创出与众不同的风格。这些画作的构型和绘画技术不仅愉悦人心，还反映了这位艺术家的私人生活。

青少年末期的培根一直生活在柏林和巴黎，随后又搬去了伦敦，并在那里度过了他的大部分人生。他没有受过正式的艺术培训，最初只是一名家具和地毯设计师，并以一种类似于立体主义或超现实主义的风格画画。直到《三张十字架底下人物的素描》（1944年）的完工，才标志着他终于达到艺术成熟的阶段。这是一幅扭曲的三联画，画面里，火焰般的橘色背景前放着三个失真扭曲的阴茎图像。这幅杰作有许多寓意，其中包含了希腊复仇诸神，即厄里倪厄斯或称复仇女神三姐妹的受难。

培根还有许多涉及过往意象的画作，包括依照西班牙画家迭戈·委拉斯开兹的《教皇英诺森十世肖像》（1650年）并借鉴谢尔盖·爱森斯坦1925年执导的电影《战舰波将金号》而画的“尖叫的教皇”系列；受埃德沃德·迈布里奇的摄影作品影响而画的呈现连续动作的人像；而明亮的色调则是受到多位艺术家的启发，包括提香

去哪里欣赏培根的作品？

- 艾奥瓦州，得梅因艺术中心
- 修巷，都柏林城市画廊
- 华盛顿，史密森尼学会，赫希洪博物馆和雕塑园
- 纽约，现代艺术博物馆
- 爱丁堡，苏格兰国立美术馆
- 伦敦，泰特英国美术馆

你知道吗？

培根的父亲是一名赛马训练师，而他本人居然是个根深蒂固的赌徒。20世纪30年代末，他对自己的艺术生涯备感绝望，靠经营一家非法赌场维生。他终身保留着对轮盘游戏和蒙特卡洛的赌场的热爱。

“尖叫的教皇”系列（共8幅）7号，帆布油画，1953年

和文森特·凡·高。这一长串名单列表可能让人觉得培根是个折中主义者，然而令人吃惊的是，他所画的作品却绝非各名家的合成物，而且最重要的是，作品还传达出与效仿原型截然不同的情绪。他的艺术生涯跌宕起伏，峰回路转，给人们留下一个与众不同的形象。他那发狂而弯曲的笔触，用海绵或碎布弄成的模糊效果，无论他的艺术暗示多么晦涩、多么复杂，却始终传递着一种来自他内心深处的能量。

培根最著名的杰作中，有一部分画的是女性，例如他给画家伊莎贝拉·罗斯索恩所画的肖像画就极具表现力，几乎像雕刻品一样精致。而最为举足轻重的作品，则是20世纪60年代中期，他给爱人乔治·戴尔画的巨型画和三联画。画面中，热烈的色彩营造出幽闭的空间，处在其中的戴尔总是裸着身体，摆出各种各样的姿势，有色情，有绝望，而他自己的形象则往往扭曲得不成样子。培根靠记忆或根据照片画画时，总是不顾常态结构而自由发挥——1971年戴尔自杀以后，正是这种作画方法催生了那批画像。《三个身体和肖像》（1975年）画了戴尔和张开翅膀的复仇女神。这个主题如此惊心动魄地反复出现，使得培根在30多年前就名扬四海。

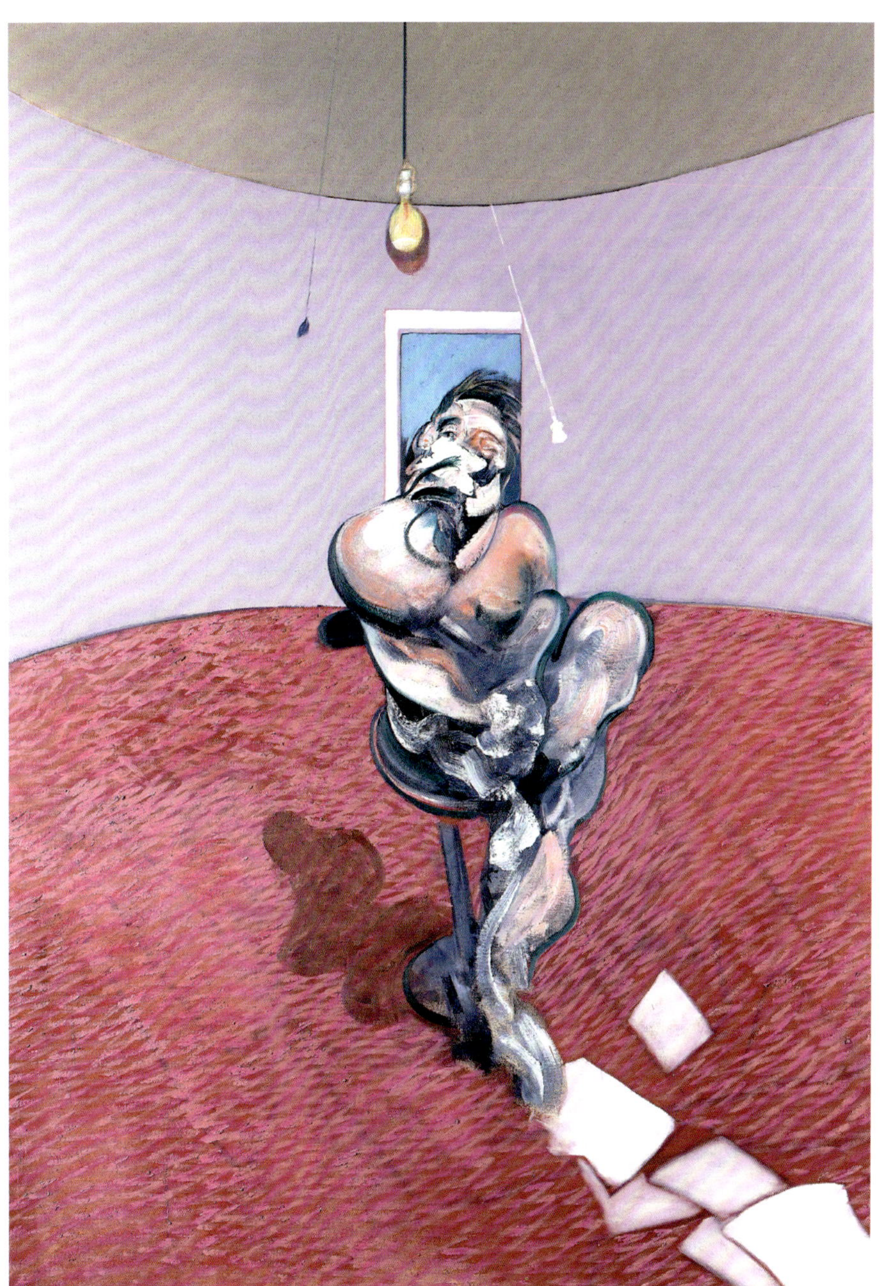
《乔治·戴尔谈话的肖像》，帆布油画，1966年

JEAN-MICHEL **B**ASQUIAT 让-米歇尔·巴斯奎特

美国人
1960—1988

涂鸦曾被视为年轻反叛者才关心的下等活，而让-米歇尔·巴斯奎特（1960年出生于美国纽约）却扮演了一个重要角色，将涂鸦拉入了艺术世界的主流，使它更体面，更有商业价值。他还帮他的朋友安迪·沃霍尔复兴了艺术事业，20世纪80年代时，这两位艺术家一度合作，直到相继去世。

巴斯奎特出生的家庭扎根于海地和波多黎各，他的父母培养了他的艺术爱好，特别是他的妈妈。她总是鼓励他画画，还经常带他去参观纽约的博物馆。青少年时期的他曾加入家庭生活剧场和曼哈顿上西区戏剧团。这期间，他虚构了一个声名狼藉的角色——“萨摩”（SAMO，老调重弹的臭狗屎）。“萨摩”向那些总是心甘情愿上当受骗的人兜售虚假的宗教，以此维生，并逐渐成为巴斯奎特作品的焦点。巴斯奎特跟下东区的艺术家埃尔·迪亚兹一起在纽约城到处画“萨摩”。他们的喷漆涂鸦内容有格言警句，也包括诗歌、押韵短诗和成语等，例如“萨摩是洗脑宗教的终结者，再也没有政治和假惺惺的哲理”。1979年，他们终止了合作，巴斯奎特在周围邻里到处写“萨摩已死”。除了涂鸦，巴斯奎特也做拼贴画、T恤衫和明信片。2013年，日本的服装连锁品牌优衣库甚至复兴了一批他的T恤图案。

到了20世纪70年代后期，由于他跟电影制作人迭戈·考特兹成了好朋友，

去哪里欣赏巴斯奎特的作品？

- 毕尔巴鄂，古根海姆博物馆
- 巴塞罗那现代艺术博物馆（MACBA）
- 鹿特丹，博曼斯美术馆
- 纽约，现代艺术博物馆
- 纽约，惠特尼美国艺术博物馆

你知道吗？

在巴斯奎特短暂的艺术生涯里，他结识各界权贵名流，甚至在Blondie的单曲*Rapture* MV中饰演一个配角DJ。由于DJ大师最后没有来录像，情急之下，巴斯奎特便被雇用了。

巴斯奎特进入了更上流的圈子。1982年，迭戈帮他举行了第一场个人展览。他那孩子般的粗野形象加上错综复杂的过往，在商人和收藏家群体中引起了共鸣。他在作品中使用了混合的创作材料，包括蜡笔、油性蜡笔、炭笔、水彩以及丙烯颜料。在他的画作《2½小时的中餐》（1984年）中展示出创造性的探究式绘画风格。

和早期的波普艺术家那代人类似，巴斯奎特也把悲剧事件和消费者品牌意象化地加入他的作品中，比如肯尼迪总统。抛开这些联系（特别是跟安迪·沃霍尔之间），巴斯奎特的画作其实更多是以讽刺的手法、活泼的笔触在描写种

《2½小时的中餐》，帆布、丙烯颜料、油画棒及拼贴画，1984年

族歧视，就连他的自画像也不例外。与此同时，他的作品也分层表现了不同文化的意象，从古典希腊和罗马到非洲和加勒比。这些分层的深层原因是因为他对于不同的社会有深刻的观察。巴斯奎特经常与流行艺术联系在一起，比如说这一流派的代表人物麦当娜和沃霍尔。

沃霍尔的死深刻地影响了巴斯奎特，而巴斯奎特本人则因过量服用海洛因而死于二十七岁。在流行文化以及艺术界中，巴斯奎特的死更加令他的艺术生涯蒙上了传奇色彩。借用威廉·华兹华斯的话说，巴斯奎特就是20世纪80年代纽约的“小金童”。

《作为脚后跟的自画像》，帆布、丙烯颜料及蜡笔，1982年

JOSEPH BEUYS 约瑟夫·博伊斯

德国人
1921—1986

作为一名德国艺术家兼激进分子，约瑟夫·博伊斯（1921年出生于德国克雷菲尔德）通过一系列企图改变社会的行动，重新定义了雕塑的概念。这些行动包括行为艺术、装置艺术、偶发艺术、绘画和教学等。通过这些行为艺术和装置艺术，博伊斯力图解放观看者的创造力。此外，他也是一名魅力非凡的老师，还是德国绿党的创始人之一。

1940年，他应征加入纳粹德国空军。1943年，据鞑靼游牧人声称，他的飞机在克里米亚坠毁，所幸被人发现，并照料到恢复健康（这个故事不禁让人联想到迈克尔·翁达杰的小说《英国病人》）。他们悉心照料他，用动物油脂和毛毡包裹他的身体——毛毡后来成为他作品中的显著特征——此外，这件事产生的副作用在于，引起了他后来对萨满教的兴趣。

第二次世界大战结束后，博伊斯进入德国杜塞尔多夫艺术学院学习。最初他只用传统的艺术材料来创作，直到20世纪50年代末才转向自然艺术品。到了60年代，被鞑靼牧民拯救的故事为他树立起几近神话般的地位，他把油脂和毛毡运用在行为艺术、装置艺术和雕塑里，作品包括《油脂椅》（1964年）、《油脂房间》（1967年）和《油脂毛毡雕塑》（1963年）。不过，他自己倒没有在行为艺术和创作作品之间划出分水岭，因为他对“社会雕塑”的概念更多来源于过

去哪里欣赏博伊斯的作品？

- 达姆施塔特，黑森州州立博物馆
- 伦敦，泰特现代美术馆
- 克雷菲尔德，威廉皇帝博物馆
- 丹麦，胡姆勒拜克，路易斯安那博物馆
- 巴塞尔，当代艺术博物馆
- 纽约，现代艺术博物馆
- 罗兹，艺术博物馆

你知道吗？

1964年，在亚琛的激浪节上，一名观众朝博伊斯的鼻子揍了一拳。博伊斯血流不止，却一只手举着十字架，另一只手致敬。他把自己当成了烈士。这种自我抬升的天赋，成为他表演活动的基本要素。

《油脂房间》，混合媒体装置，1967年

程而不是成品。他认为艺术具有治愈性，并将其视为一种能量的来源，按他的话来说，这种来源就像热源或发电站一样运转。

博伊斯经常把自己的行为跟自然现象做对比，他追随鲁道夫·斯坦纳的理论，把蜜蜂的工作变为独特的价值。1977年，他为第六届卡塞尔文献展创作了一个巨型蜂蜜泵，以此来表现有机雕塑。这件作品现在收藏在胡姆勒拜克的路易斯安那博物馆里。他的行为艺术里也包含许多动物，包括野兔和土狼。在著名展览“如何向一只死去的野兔讲解图画”（1965年）里面，公众透过画廊的窗户，观看满头蜂蜜和金色树叶的博伊斯向一只死去的野兔讲解着自己的展览作品。

20世纪70年代对博伊斯而言是收获国际名声的时期。1972年，他被自己的母校杜塞尔多夫艺术学院解雇的事情轰动一时。然而同年，在杜塞尔多夫成立的自由国际大学给了他另一个生机，使他得以在学院和其他主流机构里继续供职。虽然博伊斯去世两年后，也就是1988年，这个大学解散了，但它的首创精神依然鼓舞着其他地方。基本上，博伊斯就是个行动派，一个启发集体艺术的文化领袖——例如1982年第七届卡塞尔文献展上出现的七千棵橡树的种植——虽然，这个作品的象征意义远大于实际功能，这一点无可厚非，但是它对于艺术的发展至关重要。

《油毡雕塑（油电池）》，金属玻璃橱窗里的油脂、毛毡及硬纸盒，1963年

LOUISE BOURGEOIS 路易丝·布尔乔亚

美籍法国人
1911—2010

第二次世界大战结束后，路易丝·布尔乔亚（1911年出生于法国巴黎）创作了最引人注目同时又引人深思的雕塑。那些巨型青铜蜘蛛，那些木棒人形，那些交互装置，还有钢铁和织物做成的高塔——所有这些作品无一不控制着它们所安放的空间，它们在这些空间里直指个体身份和性的问题，呈现出作者最想表达的重点：女性的温柔。

路易丝·布尔乔亚出生在巴黎一个挂毯制作商和修理匠的家庭里。尽管她最初在巴黎大学读的是数学，但20世纪30年代，她开始用各种艺术媒介搞创作，公然对抗她的父亲，蔑视反现代主义。最关键的转折点在1938年，她嫁给了美国批评家罗伯特·戈德华特，并跟他搬到了纽约，在那里安家落户，一过就是70年。第二次世界大战期间，她加入艺术学生联盟，并与欧洲流亡者一起搞创作，其中包括安德烈·马松和胡安·米罗。

布尔乔亚乐于探索非意识领域的东西，她不仅跟这批早期超现实主义者共业，还跟美国抽象主义艺术家合作。虽然她曾跟后者一起做展览，但她的战后绘画作品和雕塑都是清晰而具象的。然而，这并不意味着她的情绪危机和对存在状态的探索能被描述得那么自然，事实并非如此。她经常把生物形态和非生命形态结合在一起，例如那个棒子状的木雕却称为《睡着的人》（1950年）。

去哪里欣赏布尔乔亚的作品：

- 巴黎，蓬皮杜中心
- 蒙特利尔当代艺术博物馆
- 纽约，现代艺术博物馆
- 纽约，所罗门·R. 古根海姆博物馆
- 伦敦，泰特现代美术馆

你知道吗？

布尔乔亚一直孜孜不倦地支持同性恋者和变性人权益。在她人生的最后一年时光里，为了给美国的婚姻自由运动募捐资金，她捐了一本画集《我愿意》（2010年），里面描画了两朵花长在同一根茎上。

随着她事业的发展，布尔乔亚变得越来越大胆。这种大胆不仅体现在她使用非常规的材料，例如乳胶，也体现在她作品当中涉及的性和心理方面的内容。从许多方面来看，她就是那个时代的领军人物。然而她却到了晚年才声名鹊起，或许也跟女权主义的思潮被更广泛接受有关。

成功使她获得更多资源。1980年，布尔乔亚在布鲁克林买下一个巨大的工作室，在这里，她能够以更大的规模创作。那些布满纺织物、个人物品和家庭物品的单人房成为她的某种心理自画像，而她那举世闻名的青铜蜘蛛除了暗指她的纺织家庭之外，还佐以恐惧惊悚的原料作为配料。《妈妈》（1999年）这件作品的命名绝非偶然，它那高耸的结构和装在麻袋里的大理石蛋是母性矛盾意象的结合；而《我做的，我不做的，以及我重复做的》（2000年）则由镜子高塔围着母亲和孩子的雕像组成。

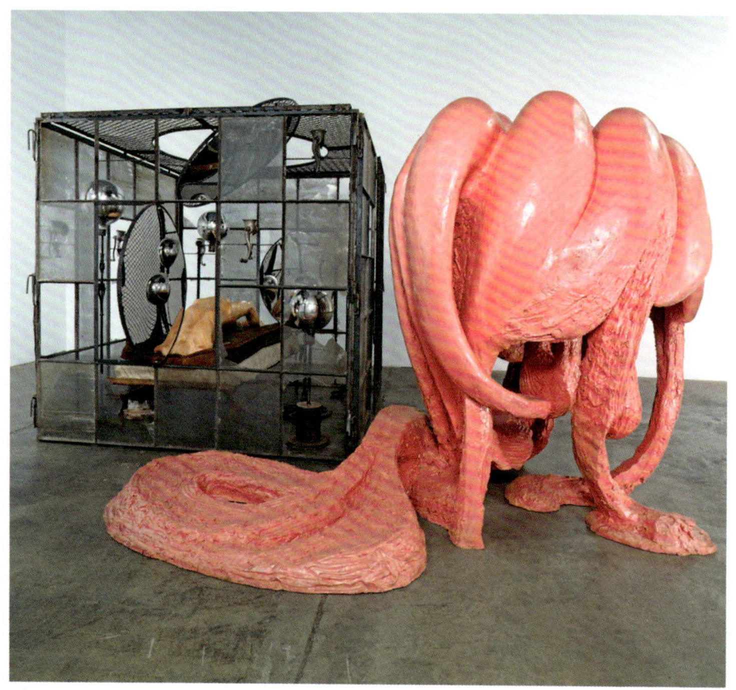

《里面和外面》，金属、玻璃、石膏、纤维及塑料，1995年

《妈妈》，青铜及不锈钢，1999年

GEORGES BRAQUE 乔治·布拉克

法国人
1882—1963

乔治·布拉克（1882年出生于法国阿让特伊）跟巴勃罗·毕加索合作，开创了“立体主义”这种全新的绘画语言。年轻时激进革新的他，到了晚年，其作品却趋向于呈现事物的精微变化。

1897年，布拉克就读于当地的艺术学校。服完兵役之后，他又进入安贝尔艺术学院和巴黎美术学院。1905年，他在秋季沙龙展览上偶然见到了野兽派画家安德烈·德兰和亨利·马蒂斯的作品，然后，跟他的朋友奥东·弗里兹一样，他开始用鲜明强烈的色彩创作类似《埃斯塔克附近的橄榄树》（1906年）那样的平面装饰画。

布拉克的野兽派画作虽然令人惊悚却很短暂。1907年末，他看完保罗·塞尚的回顾展和毕加索的《亚维农的少女》之后，便发展出一种更加阴郁的塑料风格。次年夏季，他完成了首批真正意义上的立体画，其中包括《埃斯塔克的房子》（1908年）。这幅画里布满了矩形，以至于评论家路易斯·瓦克塞尔给出了著名的评价：“所有的东西……都简化成了立方体。”可见“立体主义”这个术语最初并不受好评。

然而这种评价也不尽准确。之后的几年时间里，布拉克和毕加索又发展出一种交叉重叠的平面风格，这俨然定义了立体主义的形状以及形状周围的空间。作

去哪里欣赏布拉克的作品？

- 巴黎，蓬皮杜中心
- 巴塞尔美术馆
- 伯尔尼美术馆
- 杜塞尔多夫，北莱茵-威斯特法伦艺术品收藏馆
- 费城艺术博物馆，露易丝和沃尔特·阿伦斯伯格藏品
- 纽约，现代艺术博物馆

你知道吗？

布拉克绝非那种吃尽苦头的社会反叛者。他年轻时是一名才华横溢的舞蹈家和拳击手，后来毕加索把他介绍给玛赛尔·拉普利，两人结婚并一起生活超过50年。去世后，在他葬礼上被授予国家级荣誉，卢浮宫十字广场还为他念颂扬悼词。

e à vingt adversaires à la fois.
Ces jours derniers, l'enfant prod
ez S. A. R. la princesse Georges
trouvant en face de lui des par
emière force, en eut successivem
Dans l'admiration du jeu de cet enf
princesse de Grèce peinée en m
e son instruction pût risquer de
fisamment poussée, et pensant q
de belles facultés cérébrales à
à diriger vers un domaine scien
s vaste et humainement plus
téresser à son avenir. Et pou
abord à cet enfant le repos de l'
ettant de recommencer en autom
rce physique, des études plus
e a bien voulu prendre sous son
e magnifique séance
FIGARO

品中某些重点会放在三角形上，而不太注重立方体，例如布拉克的《葡萄牙人》（1911—1912年）。画在帆布上的这些作品往往留出浅色的绘画空间，严格地表达着画作的平面感。尽管一些印刷字母和自然元素的细节有助于使画面清晰明辨，但总体上，这些所谓的“分析立体主义”作品根本毫无深意，也缺乏色彩。

1912年，布拉克意识到了这种朴素苍白，开始在作品中加入自然主义的碎片，例如人造木纹。为了充实作品，他还在颜料里掺入沙子。此外，他还发明了贴纸法肖像，《日报》（1913—1914年）就是用纸浆碎片拼成的。这种新技

《日报》，木炭、拼贴画、纸及油漆，1913—1914年

术催生了“人造立体主义”油画，随后几年，毕加索和布拉克画了许多这类作品。这些易碎且严格排列而成的作品在色彩斑斓的平面基础上，还加入了描述性的细节，有时甚至出现点彩派的华丽装饰。

布拉克后来又引入了更多不规则的图案、丰富的色彩和纹理，还有诸如半裸的背篓人物这类古典元素。20世纪30年代期间，他在古希腊花瓶上画画，还做凹雕，从而发展出一种更加纯粹的古典主义。虽然在这十年的后期，他的作品中弥漫着一种更加阴郁的情绪，然而第二次世界大战结束后，布拉克却开始围绕小鸟这一明快的主题进行创作。这个意象最开始出现在著名的《画室》系列作品当中。1953年，他为卢浮宫的亨利二世大厅所作的令人难忘的天顶画里，小鸟成为基调。晚年的布拉克继续创新，制作平面印刷画和蚀刻版画，大部分作品都规模巨大，常常是有意为公共设施创作的。例如，1954年，他为诺曼底瓦朗吉维的教堂设计了一套彩绘玻璃窗户。

夏加尔
基里科
秋卡尔

MARC CHAGALL 马克·夏加尔

俄国人
1887—1985

这位巴黎学派的成员凭借他那诗歌般的、民俗故事般的画作享誉全球，可谓实至名归。虽然这些作品很大程度上反映了他在俄国一个犹太家庭成长的历程，但事实证明，它们高度吻合西方艺术市场的口味。

马克·夏加尔［1887年出生于俄国维捷布斯克（今属白俄罗斯）］早期跟随当地一名艺术家学习。1907年，他搬到圣彼得堡，并在那里创作了许多犹太人的生活画。1910年他移民巴黎，直到这时他才取得真正意义上的艺术发展，创作出了引人共鸣的梦幻画作，例如《拉小提琴的人》（1912年），这幅画取材于新入住的城市和他自己的乡土。后来他重访维捷布斯克，返程途中经过柏林，却由于第一次世界大战的爆发而无法回法国。

1915年，夏加尔与贝拉·罗森菲尔德结了婚，这场婚姻给他的艺术带来深远影响。婚姻带给他的幸福感洋溢在卓越非凡的作品中，画里有悬浮的情侣和其他不可思议的东西，包括演奏音乐的山羊、体形巨大的小鸡和精灵，所有这一切都描绘在他那标志性的温柔色调里。

1917年十月革命之后，夏加尔继任了当地政府的管理职位和教学职位，并在剧院里进行设计工作。然而1922年，他受够了政治上的任命和混战，在内心的驱使下决定出国，并终于回到了巴黎。他在那里全心扑向平面图画和图书插

去哪里欣赏夏加尔的作品？

- 芝加哥美术馆
- 巴黎，蓬皮杜中心
- 尼斯，国立马克·夏加尔博物馆
- 阿姆斯特丹市立博物馆
- 莫斯科，特列季亚科夫画廊

你知道吗？

夏加尔直到临死前都在创作，去世前一年甚至跟以前的滚石乐队贝斯手比尔·怀曼一起出了一本书。《我的生活》包含了五十多幅夏加尔的作品，怀曼为这位著名艺术家拍的照片，以及夏加尔和诗人兼艺术家朋友安德烈·费尔德之间的采访。

《散步》，帆布油画，1917年

画，同时创作了许多生机勃勃而又奇思妙想的大型画作。尽管他一再坚持特立独行，但是由于这些画里总是充满荒诞的主题，它们还是不可避免地被拿来跟超现实主义做比较。

20世纪30年代的反犹太主义潮流极大地影响了夏加尔和他的艺术创作。这一时期他最著名的作品是《白色的十字架》（1938年），画中的耶稣被绑在十字架上，旁边是被摧毁的犹太房屋。这位艺术家通过耶稣的服装来强调犹太教，并通过他周围的哀悼者强调了主题。夏加尔把基督教的图腾和受迫害的情景结合起来，强烈地谴责当时的政治形势。1941年，他被迫从法国逃到美国。

《白色的十字架》，帆布油画，1938年

到了纽约，他那强烈的色彩主义在芭蕾舞背景幕设计和大型帆布画上表现得淋漓尽致。1946年，他在现代艺术博物馆里举行个人回顾展，获得一片好评。

尽管夏加尔后来还是回到了法国，但他选择不在巴黎安顿，而是住在了靠近尼斯的圣-保罗-德-旺斯村。20世纪五六十年代，他在这里进行陶瓷、雕塑和马赛克创作，并以《圣经》主题创作了大型画作，这些作品现在收入尼斯夏加尔博物馆。这期间，他还受托创作了一些公共作品，包括给巴黎歌剧院画的天顶画。然而他最富生机的晚年作品，却藏在他为基督教、犹太教及教会所创作的数不胜数的彩绘玻璃窗户里。

GIORGIO DE CHIRICO 乔治·德·基里科

意大利人
1888—1978

乔治·德·基里科（1888年出生于希腊沃洛斯）的成就来自于他那梦境般的画面布局，以及把现代生活元素和古董这类毫无关联的物品摆放在一起而营造出的那种鲜明对立感。20世纪20年代，他的这些特性受到法国超现实主义的赞赏，并欢迎他加入他们的行列。然而也正在这时，德·基里科却踏入了更加保守、更加古典的阶段。随着超现实主义者对德·基里科的新方向越来越不满，他们最终不欢而散。尽管他最多产的时期毫无疑问当数20世纪20年代，然而直到最近，他的晚期作品依然受到新一轮的广泛关注，其中也包括雕塑。

乔治·德·基里科对古代艺术和建筑学的折中态度部分归因于他的成长历程。他出生在希腊沃洛斯的意大利家庭里，各大古典主义中心地带的生活构成了他的成长经历。他去过雅典、佛罗伦萨、罗马、都灵，1906年到1908年期间住在慕尼黑。外界曾推断，《意大利广场》这一系列画作更准确的叫法应该是《慕尼黑的广场》。巴伐利亚首府对德·基里科而言也是一个重要地点，正是在这里，他结识了象征主义艺术家马克斯·克林格尔和阿诺德·布克林。

1911年，德·基里科跟着他的艺术家弟弟安德里亚（他有一个众所周知的笔名叫“阿尔贝托·萨维尼奥”）来到巴黎，并创作了一系列非凡的作品。这些作品富含有违常理的透视和戏剧性的光影对比，画里的拱形走廊总是充斥

去哪里欣赏德·基里科的作品？

- 伦敦，埃斯托里克意大利当代艺术收藏
- 罗马，乔治·E. 艾萨·德·基里科基金会
- 纽约，大都会艺术博物馆
- 威尼斯，古根海姆美术馆

你知道吗？

德·基里科一方面从不原谅艺术界对他晚期作品的嘲笑；但另一方面，众所周知，他自己仿造自己的早期作品，还以此糊弄许多收藏家。所以艺术商总是开玩笑说，德·基里科的床离地六尺，因为下面垫着海量的“早期作品”，他还一直在里面发掘呢。

着超大型雕塑和不协调的现代细节。例如《阿里阿德涅》（1913年）这幅画里毫无活物，只有一个神话人物的雕像和一台蒸汽机。它是八幅画系列中的一幅，在这一系列作品当中，神话主题的人物是主角，尽管它们也是令人困惑的角色。

这类神话场景愈演愈烈，到了1914年，德・基里科开始在作品中引入无脸的人体模型。第一次世界大战期间，他在菲拉拉服兵役时，其“形而上学绘画”达到了顶峰。德・基里科没有画军队，反而画起了狭小幽闭的房间，里面摆满空荡荡的帆布担架、一堆堆废弃的数学仪器和稀奇古怪的糖果。在这类作品中，三角板勾勒出另一个合理存在的逻辑世界，画里的其他东西都甚为壮观地被暗中破坏了。

1918年，德・基里科和他的朋友卡洛・卡拉开始为*Valori plastici* 杂志供稿。其间，他倡导回归古典价值观，这恰好迎合了当时意大利的保守氛围。接下来的十年，德・基里科的古典主义作品出现了一些典型而又特别的事物，例如一群角斗士出现在现代设计的房间里。1929年，他在巴黎出版了幻想小说*Hebdomeros*。最终，他作品里的这些变化导致那些曾在超现实主义运动中支持他的人也跟他渐行渐远。

德・基里科的最后十年时光大部分都在罗马度过，除了着重于传统绘画技术之外，他还把一种奇怪的意象混合体融入其中。他时而创作巴洛克式的

《阿里阿德涅》，油画颜料、石磨及帆布，1913年

自画像，时而创作人体模型式的雕塑，还为一些早期流行作品创作了一些着实令人摸不着头脑的版本。然而，他不顾艺术家和评论家对他的批评，继续寻找灵感的碎片，凭着对美妙之物和陌生领域的感知，他激活了古典文化的表现形式。

《两个面具》，帆布油画，1916年

SALOUA RAOUDA CHOUCAIR 萨卢娃·朗达·秋卡尔

黎巴嫩人
1916—

这位黎巴嫩艺术家是中东抽象画和抽象雕塑的先驱。她用与众不同的作品表达了整个艺术生涯的各个主题，特别具有源于欧洲现代主义和阿拉伯传统设计的模块化处理和建筑特质。

萨卢娃·朗达·秋卡尔（1916年出生于黎巴嫩贝鲁特）从al-Ahliyya女子国立学校毕业以后，便跟随黎巴嫩的著名艺术家穆斯塔法·法罗克（Moustafa Farroukh）和奥马尔·翁西（Omar Onsi）学习绘画。1943年，一趟埃及之旅拓宽了她的视野，使她见识到真正的穆斯林艺术和建筑特征，她相信这些特征就是“接近事物的本质”。回到贝鲁特之后的20世纪40年代中叶，她协同创办了颇具影响力的阿拉伯文化俱乐部。

1948年，秋卡尔前往巴黎开始为期三年的学习。她进入了法国美术学院和费尔南·莱热的工作室，后者对她的影响可从《著名的画家》（1948—1949年）这幅刻板庞大的人体油画中略见一斑。秋卡尔在巴黎期间创作了许多写实画和半抽象作品，包括把新城市和家乡进行对比的《巴黎—贝鲁特》（1948年）。同时，她还加入了较少人知道的抽象画工作室。在这里的经验促使她进一步朝非写实艺术发展，到了1947年，她开始真正创作抽象模块画。

随后十年，秋卡尔回到贝鲁特的家中，开始以固体和空间的相互作用为特

去哪里欣赏秋卡尔的作品？

- 贝鲁特，萨卢娃·朗达·秋卡尔基金会
- 伦敦，泰特现代美术馆

你知道吗？

黎巴嫩内战期间（1975—1990年），秋卡尔坚持住在贝鲁特。在她的住所幸存下来的作品伤痕累累。战争期间炸弹投在了当地，在作品上留下了许多玻璃碎片。

点进行制模和雕刻，作品十分强调雕刻的线条。这些曲线和连环形状逐渐支配了她的绘画，例如《蓝色模块作品》（1947—1951年），并将她的全部作品绑在了一起。于是，这种绘画风格反映在她的雕塑和织物作品里，贯穿了她整个艺术生涯。

她经常创作复杂的系列作品，例如20世纪60年代出现的《内部结构》——简单的立方体或块状物却包含错综复杂的内部结构。随着这幅画而来的是数不胜数的模块雕塑，它们总是以复杂的方式堆叠在一起。犹如阿拉伯诗歌的章节一样，每一个模块都能独立于整体之外存在，于是秋卡尔将这些作品命名为《诗歌之墙》（1963—1965年）。

秋卡尔继续在连环元素和模块元素里耕耘。到了20世纪七八十年代，她

《蓝色模块作品》，帆布油画，1947—1951年

在作品里加入了轻盈且富有感情的透明材料，包括塑料和水，例如《水透镜》（1969—1971年）。她也开始创作公共雕塑，可惜许多作品都未能在动荡的贝鲁特幸存下来。不过，1998年她在米尔阿明花园做了一件长凳作品，这件由17块充满表现力的石头零件组合而成的弯曲雕塑，还一直展现着秋卡尔作品最优雅的魅力。

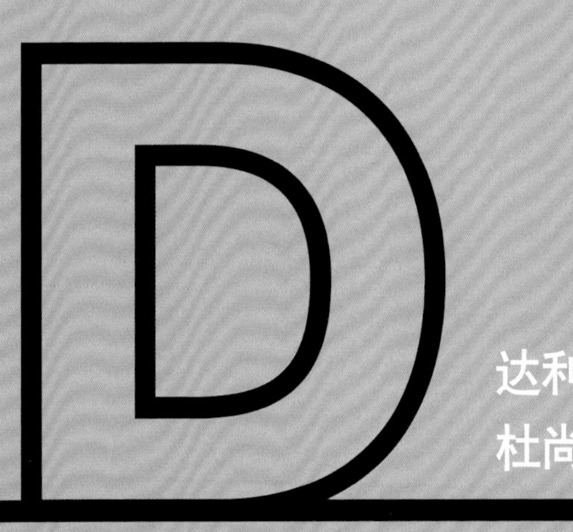

达利
杜尚

SALVADOR DALÍ 萨尔瓦多·达利

西班牙人
1904—1989

萨尔瓦多·达利1904年出生于西班牙加泰罗尼亚的菲格雷斯，而1973年他被问及自己在艺术历史的地位时，他竟然简而言之："第一，第一。"尽管批评界对这个观点意见不一，但他毫无疑问是20世纪最受欢迎、最与众不同的艺术家。作为20世纪二三十年代超现实主义运动的领头羊，他创作了许多设计精良的梦境般的图画，画中布满他最喜欢的图案，包括柔软的钟表、拐杖以及他自己那两撇大胡须。他的晚期作品在重复这类图像的基础上，又加入了壮阔版的古典主题。例如，在《十字架上的基督》（1951年）这幅画里，绑在十字架上的基督悬浮在半空中。

年轻的达利经常在卡达凯斯的加泰罗尼亚海岸度过他的夏天，并画了许多令人难忘的画作，其中也涉及他挚爱的妹妹安娜·玛利亚。他在印象派和立体派的创作中浅尝辄止之后，便跟着主流艺术风格来到它们的发源地——巴黎。1929年，他加入超现实主义画派，跟路易斯·布努埃尔合作推出了试验性电影《一条安达鲁狗》（1929年），并引起了超现实主义的领袖人物，即诗人安德烈·布勒东的关注。

达利的作品将弗洛伊德的象征与一种被他称之为"妄想狂批评家"的绘画技术结合在一起。这种特点部分来源于达利对事物的病态痴迷，例如他痴迷于

去哪里欣赏达利的作品？

- 巴黎，达利蒙马特空间
- 菲格雷斯，加拉－萨尔瓦多·达利博物馆
- 格拉斯哥，凯文葛罗夫艺术博物馆
- 马德里，索菲娅王后国家艺术中心博物馆
- 佛罗里达，圣彼得斯堡，萨尔瓦多·达利博物馆

你知道吗？

萨尔瓦多这个名字取自他哥哥，而这位哥哥在他出生前一年去世了。他的父母相信他就是以前那个孩子的再生，这个观念深植于他的内心，成为他众多心理情结的一颗种子。

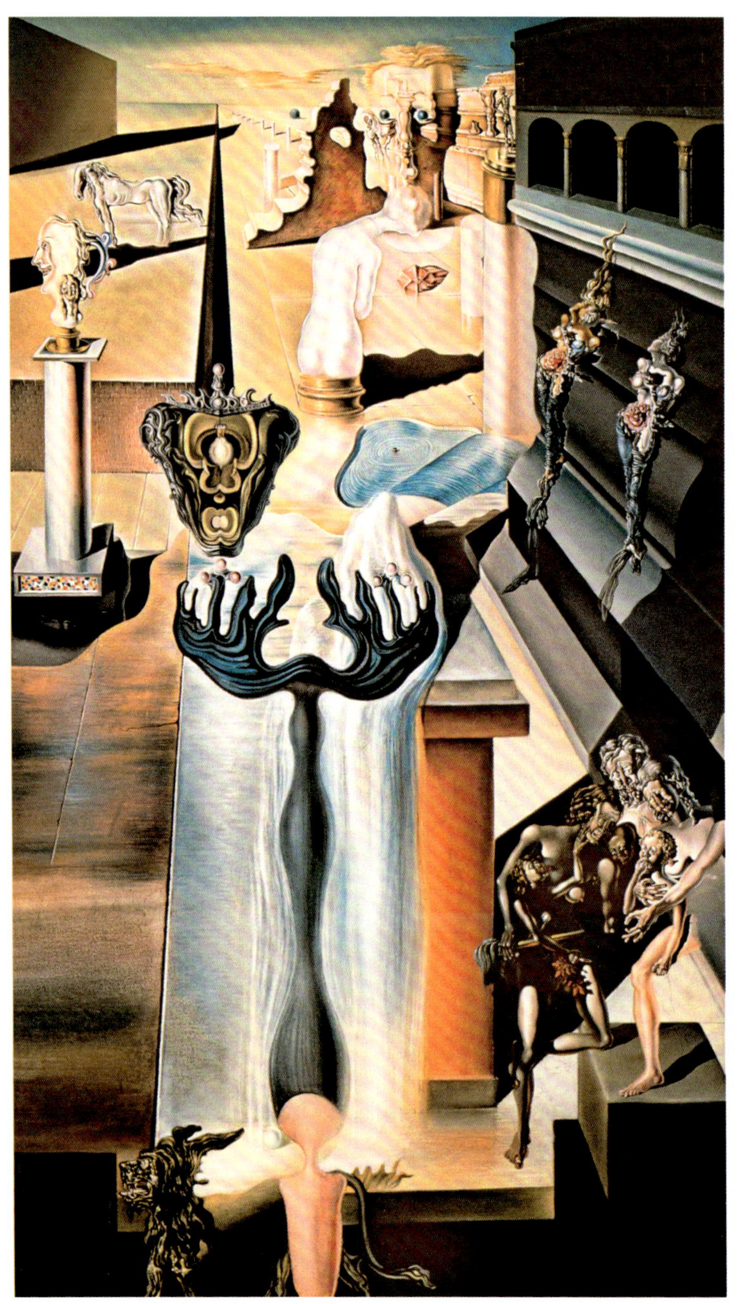

《看不见的人》，帆布油画，约1929—1932年

让·弗朗索瓦·米勒的《祈祷》（1857—1859年），并认为画里充满了性暴力。达利创作了众多使人产生荒谬联想的图像，这些图像使人们得以窥见达利的灵魂。他以类似的风格，开始创作一些令人同时联想到不同物体的形态。《看不见的人》（约1929—1932年）就是他的第一幅大型双重图像，并被他描述为一个“带着仁慈微笑的人……还有助于驱除我所有的恐惧”。这幅画最初可能是描画世界末日后期的风景，从中出现一个男性形象。他把这样的两个图像结合在一起，从而使其中的特写出现不同的解释——云朵和雕塑的脖子故意画得扭曲，由此形成男人的头和身体的形状。

这位艺术家还因为不断重复其签名式主题而备受指摘。柔软的手表贯穿了达利整个艺术生涯，尽管如此，但是当它在《永恒的记忆》（1931年）这幅画里初次亮相时，毫无疑问是震撼有力的。这幅公认的杰作以梦境般的利加特港（达利故居所在地）作为背景，描绘了一个沉睡的自画像，并装饰着著名的柔软时钟。它们无疑带有性暗示，而停在不同时刻的时钟还暗指潜意识领域。

在这段时期内，达利还出版了《看得见的女人》（1930年），这是一部针对妄想狂批评的文学作品。其后他又陆续出版了许多文章，包括《想象力自由宣言及人的疯狂权利宣言》（1939年）、《隐藏的脸庞》（1944年）和《天才的日记》（1965年），还有他的自传《萨尔瓦多·达利的秘密生活》（1942年）。他的文字佐以离奇古怪的陈述，由此更促进他因为那奇特的想象力成为一个引人注目的怪胎。然而，达利的这些行为无疑是精心策划的有意为之，他更像在模仿失去理智的人，甚至是精神病人，而事实并非如此。

尽管达利的雕塑作品相当有限，但《龙虾电话》（1936年）和《梅·维斯特的唇形沙发》（1936—1937年）已经成为超现实主义的同义词，也是达利的双重图像的代名词。达利计划根据他最喜欢的女演员的脸来创作一整个房间，《梅·维斯特的唇形沙发》只是其中的一件。这个计划最终在菲格雷斯的达利博物馆得以实现，该博物馆于1974年对外开放。

20世纪30年代中叶，达利的某些挑衅似乎直指他自己的左翼超现实主义同行。他画的一些画，说的一些言论，都十分暧昧地涉及列宁和希特勒，由此他被迫向他的同行声明自己并不亲近法西斯。直到他在第二次世界大战期间迁往美国，他与超现实主义之间的不和才稍作平息。在美国期间，他投身广告业和商业电影，因热衷捞金而被业界戏称为“美金狂”（Avida Dollars）。

战后，达利大部分时间在西班牙。当时西班牙仍处在佛朗哥将军的独裁之下，许多艺术家同胞都遭流放，例如巴勃罗·毕加索，但达利全然不顾这些。他把菲格雷斯一个老剧院进行奢华的改造，把它变成一个服务于他自身回忆的博物馆——类似的建筑物一共三座，这只是其中之一。除此之外，他在靠近卡达凯斯的利加特修建了自己的房子，并在普柏堡把一座城堡改造成一件不朽之作，把它当作自己那位令人敬畏的太太加拉的家。

MARCEL DUCHAMP 马塞尔·杜尚

法国人
1887—1968

1887年，马塞尔·杜尚出生于法国诺曼底布兰维尔。作为达达运动的成员，他付出了无人能及的努力，重新定义了艺术的概念。尽管在第一次世界大战期间，他那充满激情运动的时期很短暂，但他的影响深远，在概念上催生了20世纪后期出现的极简抽象派画家和波普艺术家。

作为艺术家雅克·维永、雷蒙·杜桑–维永和苏珊·杜尚的弟弟，马塞尔1904年进入朱利安学院，然而他对台球的喜爱胜过了功课。第二年，他开始靠出版连环画赚钱。他的画风从印象派发展到后印象派又接着转为野兽派，直到1912年，他共同参与创建了被称之为“黄金分割画派”的立体派团体。

杜尚著名的《下楼梯的裸女：第二号》（1912年）反映出许多其他艺术家的影子，包括摄影师埃德沃德·迈布里奇。它本质上是一幅立体派画作，然而它呈现出来的动态特征又受到他某些同行的指摘，因为它有点像意大利未来派。结果，这幅画最重要的公开展览不在巴黎，而在1913年纽约的军械库展览会。

接下来那几年是杜尚最多产的时期。他通过多种方式，例如各种乐谱，来探索机会的运转，并创作了第一件“现成品”。这些“现成品”都是用最简单的方法把很普通的物品略加改变而已，通常是把它们颠倒过来，或改变位置，然后就送去展览了，以此挑战创造的传统概念。1913年的《自行车车轮》（已

去哪里欣赏杜尚的作品？

- 费城艺术博物馆，露易丝和沃尔特·阿伦斯伯格藏品
- 科隆，路德维希博物馆
- 纽约，现代艺术博物馆
- 渥太华，加拿大国家美术馆
- 伦敦，泰特现代美术馆
- 康涅狄格州，纽黑文市，耶鲁大学美术馆

你知道吗？

杜尚终其一生痴迷于国际象棋，他的战前绘画经常出现这个主题，后来更成为他的主要活动。1924年，他成为上诺曼底大区的国际象棋赛冠军。从此以后，他便参加各种各样的国际锦标赛，1932年，还与其他人合写并设计了一本国际象棋策略书。

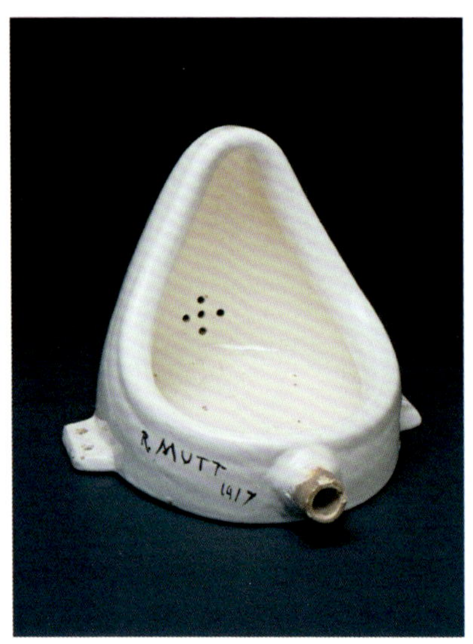

《喷泉》，瓷尿盆，1950年（仿造1917年的原件）

经遗失，现只存复制品）出品四年后，他又把一个男子小便器倒置过来，命名为《喷泉》（已经遗失，现只存复制品）。杜尚还把矛头直指艺术家天赋，重画了列奥纳多的《蒙娜丽莎》（约1503—1506年），还把它命名为“L.H.O.O.Q.”（1919年），如果用法语大声读出来，就是“她有一个火辣的屁股”。

大约1912年，杜尚这种自我栽培起来的粗野首次体现在一系列立体派作品中，所阐述的似乎是机械零件的性行为。这个多少有点不甚浪漫的主题在1915年到1923年他所创作的《新娘，甚至被光棍们剥光了衣服》这件作品里表现得淋漓尽致。当时他大部分时间都住在纽约。这件作品展现了九个机械光棍正在向一个生物形态的新娘献殷勤，而这些光棍无论如何也无法接近她。事实上，追求者们和被追求者被分别画在两片分开的玻璃上，整幅作品构成了世界上最令人难忘的性爱失败符号和沮丧符号。

杜尚在美国期间与一批重要的赞助人和艺术家走得很近，其中包括给他拍了著名的男扮女装相的曼·雷。杜尚为自己易容后的形象取名罗丝·塞拉维，是“Eros c'est la vie”（爱神啊，这就是生活）的谐音。然而，抛开这些刺激十足的行为和创作上的成功，1923年杜尚回到法国之后，他基本上已经淡出了艺术界。虽然他参加一些零散的超现实主义展览，但他的艺术活动大部分都是私人的视觉体验，例如用上了色的旋转光盘来创作早期作品的深邃版本或微型版本。他最雄心勃勃的晚年作品《给予：1.瀑布；2.燃烧的气体》（1946—1966年）是一幅三维图画，画里是一个分开双腿的女人。这幅画他一直藏而不露，直到去世后才公之于世。

晚年的杜尚作为鼓舞人心的人物受到新一代艺术家的追捧，包括波普艺术的先驱者理查德·汉密尔顿和安迪·沃霍尔。1965—1966年间，汉密尔顿颇费一番苦心，为伦敦的泰特美术馆复制了《新娘，甚至被光棍们剥光了衣服》。

埃尔–萨拉希
恩斯特

IBRAHIM EL-SALAHI 易卜拉欣·埃尔-萨拉希

苏丹人
1930—

易卜拉欣·埃尔-萨拉希（1930年出生于苏丹乌姆杜尔曼）是非洲阿拉伯世界的领军艺术家，他探寻出一种结合西方现代主义与伊斯兰传统的综合艺术形式，尤其体现在阿拉伯文书法上。这种富有视觉感受力的词语是喀土穆设计学校的标志，是埃尔-萨拉希开创性地把西方现代主义风格整合到亚非国家图案中的艺术形式。

埃尔-萨拉希最初受教于他父亲的伊斯兰学校，当时他总是给其他孩子的书写用石板画各种装饰，就是在这里，他开始熟悉阿拉伯文书法的苏丹形式。1954年，从喀土穆设计学校毕业以后，他拿着政府的奖学金来到了伦敦。直到1957年期间，他在斯莱德美术学院接受专业训练，并深受这座城市的伟大博物馆的启发。在这里，他不仅能学习广泛文化背景下的人造艺术品，还能不断发掘欧洲艺术家的伟大作品。这段经验为他后期艺术风格的开花结果奠定了基础。当时的他尽管仍身处伦敦，却已经把伊斯兰书法中的诗性和精华与西方抽象画派的夸张表现力和情感相互结合，开始发展出一种自由的书法风格。

尽管有这些进步，但是在斯莱德期间，埃尔-萨拉希的大部分作品还是相对保守。在《妓院》（1955年）这个作品里，他用沉闷的灯光和点彩画效果配合城市社会黑暗面的主题，实际上从表现手法和主题上都借鉴了法国艺术。这类

去哪里欣赏埃尔-萨拉希的作品？

- 多哈，Mathaf：阿拉伯当代艺术馆
- 纽约，非洲艺术博物馆
- 纽约，现代艺术博物馆
- 伦敦，泰特现代美术馆

你知道吗？

1975年，埃尔-萨拉希曾当过外交官和政客，却在没有指控的情况下被逮捕入狱六个月。后来他就离开了自己的家乡，住在卡塔尔，最后才定居英国。

不熟悉的元素主题并没有引起他家乡人的关注和兴趣。20世纪50年代末，他回到苏丹之后，其作品也一直默默无闻。

面对这种漠不关心，埃尔–萨拉希的反应是周游全国，让自己重新沉浸在苏丹文化里。苏丹艺术家奥斯曼·瓦奇亚拉最早开始探索书法，并将其从宗教文本里剥离开来，成为一种纯粹的艺术媒介。埃尔–萨拉希跟随奥斯曼·瓦奇亚拉的脚步，并借助北非文字运动Al–hurufiyya，他开始在自己的画里加入非常微小的阿拉伯铭文。埃尔–萨拉希自身在伊斯兰学校的背景导致他对阿拉伯字母的外形有所深究，并且非常关注书法之间及其四周的空间。凡此种种，均引起了字母向形态的转变，而这种转变又反过来刺激了艺术家的想象。他的实验结果是出现了传统文书的极大变形，在这种变形中，流体形状定义了高度风格化的图形，有时甚至是新月形之类的伊斯兰图案，例如《死亡幻象》（1965年）。

这些表现力十足的诗歌般的作品常常带着复杂的叙事或深沉的寓意。以《童年的再生之声》（1961—1965年）为例，在这幅画里，一个诡异的幽灵形象令人不安地、若隐若现地穿过2.6米长的正方形画作。这个结构突出了埃尔–萨拉希对美学的渴求，同时也使人联想到非洲的天线杆、面纱和其他超现实主义的元素。此外，画中高度强调的肢体结合处，也展示出他对人体骨骼解剖学的高度认识。这个时期的画作运用了“本土化”色调，令人联想到苏丹风景的色彩，在其他非洲艺术家之中引起特别大的共鸣。埃尔–萨拉希成为一位举足轻重的文化人物，在艺术节日中扮演关键角色，其中，尤为瞩目的是他引领了泛非洲艺术运动，并成为其中的典范。

作为新兴国家的居民，喀土穆学校的成员力图开创一个独特的苏丹式美学，然而埃尔–萨拉希的作品却又同时具有国际视野，以期在世界上赢得苏丹艺术的新地位。当喀土穆学校因其种族主义和以传统资产阶级和“西式”背景举办展览等行为而备受指责时，埃尔–萨拉希的作品却并没有受限在狭隘的民族主义。他于20世纪70年代早期创作的作品运用了明亮的色调，并且增加越来越多的实验性元素，在帆布上画下几何设计的魔术般的人物和动物。他结束了自愿接受的政治流放（先去了卡塔尔，其后又去了英格兰）之后，便开始用单色调进行创作，并专注于组合元素。不过，他依然创作了一些亮色调的图画，例如2001—2009年创作的《树》系列，画中出现越来越多代表苏丹本土城市的树木的几何形状。

除了这些具象元素之外，埃尔–萨拉希的伊斯兰信仰始终是他作品的中心，并且他将他的艺术视为庆祝神之创造的途径。他的近期作品不仅反映了他的精神信仰和自然疗法，还表达了伊斯兰的文化传承和神秘传统。这位艺术家终其一生，不遗余力地发明新手法，在作品中令人惊叹地表达了清晰连贯的价值。

《童年的再生之声Ⅰ》，油画颜料、瓷釉及damouriya，1961—1965年

MAX ERNST 马克斯·恩斯特

德国人
1891—1976

马克斯·恩斯特1891年出生在德国科隆附近的布吕尔小镇，他通过自由联想，再加上偶然的机会，调动了自己的潜意识，创作了令人过目难忘的抽象拼贴画和油画。他在艺术中表现出来的力量和创造力正是达达主义和超现实主义的发展基础。

恩斯特的父亲虽然启发了他对绘画的兴趣，却迫使他进行学术研究。在这个过程中，他接触到了西格蒙德·弗洛伊德和弗里德里希·尼采的理念，其早期油画也反映了他受到文森特·凡·高、德国表现主义和立体主义等众多影响。1919年，恩斯特加入科隆的达达运动分支，在巴黎定居两年后，和巴黎团队一起做展览。

他在这段时期最重要的作品是梦境般的油画，这些油画取材丰富，图像表达恰到好处，使人联想到他的拼贴画。《西里伯斯岛》（1921年）依据一张阿拉伯粮仓的照片绘制而成。《夜里的圣殇还是革命》（1923年）则借鉴了乔治·德·基里科和基督教肖像元素。这些元素结合而成的作品呈现出一个令人赞叹的故事，一个关于艺术家本人和他父亲之间的弗洛伊德式故事。

20世纪20年代，恩斯特的作品包括擦印画和刷除术的改进。然而，他不可避免地要进行有意识的操作，才能从偶然得到的印记中创作绘画，例如《伟大的森林》（1927年）这幅画就能看到很明确的德国浪漫主义色彩。

《百头妇人》（1929年）这幅画里出现了恩斯特的鸟形自我化身“罗普罗

去哪里欣赏恩斯特的作品？

- 纽约，大都会艺术博物馆
- 威尼斯，古根海姆美术馆
- 阿姆斯特丹市立博物馆
- 伦敦，泰特现代美术馆
- 康涅狄格州，哈特福德，沃兹沃思学会
- 科隆，瓦尔拉夫-里夏茨博物馆

你知道吗？

恩斯特讲述过他对房间里一块仿红木嵌板的童年回忆。他的父亲会通过这块嵌板用魔法咒语召唤出各种恐怖的怪物。这件事激励了恩斯特去观察地板的图案，从中获得了许多灵感。他还在纸上用铅把图案刮出来，由此，便催生了刮擦的艺术手法。

普”，这幅拼贴“小说”源于19世纪晚期杂志的图像，剥离了文本之后的作品显得十分荒谬，充满颠覆性和色情性。20世纪30年代期间，“罗普罗普”又重新出现在他的拼贴画和油画里。在《野蛮人》（1937年）这幅作品中还出现了更多阴险的鸟类生物，这些都反映出恩斯特在这段时期内的悲观情绪。

第二次世界大战期间，他流亡于纽约，并持续进行创作实验。他比杰克逊·波洛克更早地从罐子里泼洒颜料进行绘画，也借鉴奥斯卡·多明戈斯的印花釉法，创作了启示录《雨后的欧洲2》（约1940—1942年）。恩斯特属于永远的多元化，他的晚期作品依然是大尺度地跨越16世纪和前古典古代时期，并一直避免将自己和任何特定运动绑在一起。

《西里伯斯岛》，帆布油画，1921年

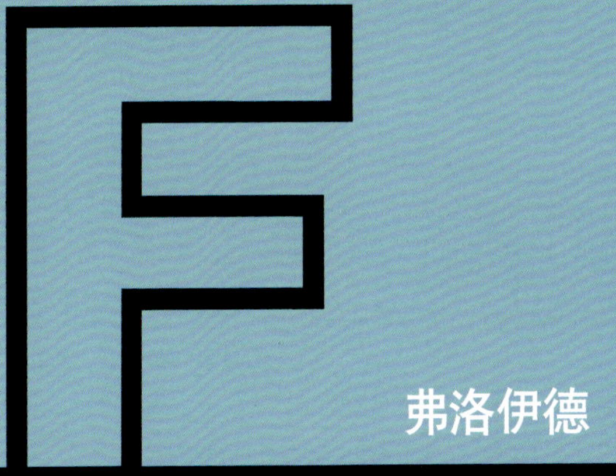

弗洛伊德

LUCIAN FREUD 卢西安・弗洛伊德

英国人
1922—2011

卢西安・弗洛伊德1922年出生于德国柏林，是他那个时代最引人注目的英国肖像画家。他的画作总是从非常规的视角去观察扭曲变形的姿势，因此他的模特们鲜少成为同时代的美的典范。为了不满足观众的眼球享受，弗洛伊德用精湛的油画技艺更加强调画中肉体的肌理和色彩。而最令人咂舌的地方恰恰是这位艺术家如此冷静刻画的人物大多数是他的家人、好友或恋人。

卢西安是建筑师恩斯特・弗洛伊德的儿子、西格蒙德・弗洛伊德的孙子。1932年，他随家人迁居英国，七年之后，开始在埃塞克斯郡戴德姆的东安格利亚美术学院学习。他的早期作品包含变形失真的元素，也受超现实主义和乔治・格罗斯这类大陆艺术家的启发而表现出梦幻效果，甚至还受到英格兰新浪漫主义约翰・弥尔顿（1952年，弗洛伊德曾给他画过肖像）的影响。然而到了20世纪40年代末，弗洛伊德的创作已经独具一格了。

透过精准的笔法、光滑平稳的纹理，再加上一种令人不安的气氛，弗洛伊德创作了《帕丁顿的内心》（1951年）这幅特点鲜明的画作。这幅作品画的是摄影师哈利・戴蒙德，画中刻意处理的几处细节营造了一种疏离感——例如这名男子紧握的拳头，包括他在室内还穿着雨衣，以及从外面街道虎视眈眈望着这边的小男孩。

去哪里欣赏弗洛伊德的作品？

- 芝加哥美术馆
- 奥斯陆，阿斯楚普・费恩利博物馆
- 马德里，提森-波涅米萨博物馆
- 纽约，现代艺术博物馆
- 伦敦，泰特英国美术馆
- 利物浦，步行者艺术画廊

你知道吗？

弗洛伊德十分钟爱伦敦的餐厅，有固定的最爱去处。其中一家餐馆得知他的死讯之后，还留着他常坐的桌子，并在桌上放一根燃烧的蜡烛。不过，如果他在就餐时发现有人在拍他，他会毫不客气地扔面包过去。

不过，尽管有这么多的特点，《帕丁顿的内心》并不足以代表弗洛伊德的成熟风格。到了20世纪50年代末，他才开始出现作品的成熟化。他用灰色、绿色、紫罗兰色和蓝色的调色盘加上有力的运笔，更加强烈地表现出画中人物的皮肤颜色和肌理，稠密的颜料使其身体呈现出它的本来模样。弗洛伊德的作品很多样，包括城市风景和静态生物画，例如《两株植物》（1977—1980年），不过只要是人物画像，无论裸体还是穿衣服，都保持着他一贯的风格。

到了晚年，他的部分作品变得野心勃勃。他参考早期绘画大师，例如让–安东尼·华托，把好几个人物安排在同一幅静态画里。其他的作品则少而私密，包括他在2000—2001年，给伊丽莎白二世画的唯一一幅肖像画。弗洛伊德把这个任务的困难程度比拟为极地探险。

尽管弗洛伊德的皇家肖像画保持着某种程度上的庄严，然而这位艺术家的口味明显偏向于裸体，特别是他十分熟悉的人，他通过绘画来捕获这个人随着时间发生的变化。他的绘画对象包括他的女儿们和行为艺术家雷夫·波维瑞，从20世纪90年代末期开始，他还开始画他的助手，即画家大卫·道森。弗洛伊德去世后，国家肖像馆展览了他的作品，尽管这场展览的初衷只是为了迎合2012年的伦敦奥运会。其间还展出了他尚未完成的作品，即他的助手道森和他的小猎犬伊莱的肖像画，后者被命名为《猎犬的肖像》（2011年）。

《举起脚的裸体人像（雷夫·波维瑞）》，帆布油画，1992年

贾科梅蒂

ALBERTO GIACOMETTI 阿尔贝托·贾科梅蒂

瑞士人
1901—1966

1901年，阿尔贝托·贾科梅蒂出生在瑞士博尔戈诺沃。尽管受到部分超现实主义和存在主义哲学的影响，他一路保持着高度的独立性和个人主义特色。他虽然广泛吸收古典艺术、非洲艺术以及欧洲现代主义艺术，却毫不含糊地进行属于他自己的创作。他除了用石膏、青铜及其他雕塑材料创作，还画了许多惊人的肖像画，尤其是在他艺术生涯的最后二十年。

贾科梅蒂出生在一个艺术之家——他的父亲乔瓦尼是一名训练有素的后印象派画家——他在日内瓦和巴黎接受常规的艺术教学。1922年，他在法国开始跟随奥古斯特·罗丹的学生埃米尔·安托万·布德尔学习，但很快，他就表现出反叛不羁的倾向。非洲雕塑、立体派及康斯坦丁·布朗库西的作品将他推向抽象化的高阶，正如作品《勺子女人》（1926年）所呈现的那样。不久，他也迷上了超现实主义。

《割喉女》（1932年）这件作品是一个像吃人陷阱似的东西斜靠在地板上，十分可怕地结合了性和暴力。不过，他的一些超现实主义作品则孕育出一种敏感且更加神秘的特色。在《浮球》（1930—1931年）这件作品中，一根灯丝悬着一个球，球眼看着就快碰到下面的新月状雕塑，整件作品仿佛在唤起一种得不到满足的共鸣，同时，又有许多微型平面组成的形状表现出一种十分怪

去哪里欣赏贾科梅蒂的作品？

- 阿尔贝托·贾科梅蒂基金会，苏黎世美术馆
- 纽约布法罗，奥尔布莱特-诺克斯画廊
- 芝加哥美术馆
- 纽约，所罗门·R. 古根海姆博物馆
- 威尼斯，古根海姆美术馆

你知道吗？

贾科梅蒂有一群著名的好朋友。他和玛琳·黛德丽偶然见过几面之后，便于1959年结婚了。他也经常在巴黎和剧作家塞缪尔·贝克特一起喝酒。2013年，在一场拍卖会上，一封由贾科梅蒂写给黛德丽的信件竟以25万美元的高价售出。

《三个行走的人 II 》，青铜，1949年

异的疏离感。这些贫瘠的风光和神秘的人物看起来就像小孩子桌面游戏的古怪延续，也像萨尔瓦多·达利的作品。

最梦魇的雕塑当数《凌晨4点的宫殿》（1932年），他在一个迷你房屋的电枢支架里放着许多令人不安的形状，例如一根脊椎，或一只骷髅小鸟。这件作品十分简洁地表达了超现实主义者揭露潜意识的诉求。然而到了20世纪30年代中期，贾科梅蒂为了复兴更为传统的造型风格，而被驱逐出这场超现实主义的运动。尽管他创作的形态变得相当传统，但是贾科梅蒂20世纪30年代晚期的肖像作品和静态生物作品却表现出非凡的激情。他结合严格的几何学结构和发狂般的笔触，创作出的作品竟提前表现出著名的战后画派的风格，例如家庭肖像画《画家的母亲》（1950年）。

尽管贾科梅蒂继续游离在超现实主义运动之外，然而在战后那几年，他以扭曲的碎片创作的人类形象却使人不禁联想起他的早期作品。这些人类悬在笼子状的结构里，中空的手臂伸入中空的或形状怪异的头颅里，或侵略性十足地指向观者的空间。不过，总体而言，他对痛苦感的表达还是极为收敛的。他通过形体修长、或站或坐的人物来传递一种孤独感，即便群体出现，如同《三个行走的人 II 》（1949年），这种孤独感也丝毫不减，这些人物修长而纤细的身体比例也出人意料地创造了一种高度专注的气氛。不过，要论这位艺术家对材料的精湛运用，最典型的例子当数《行走的人 I 》（1960年）里创造出的皱面效果。

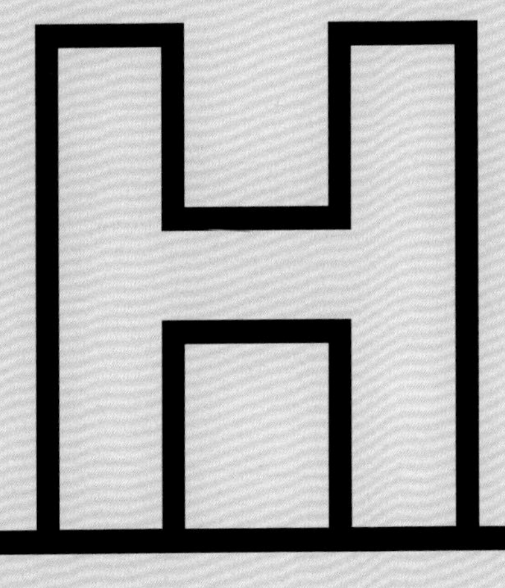

赫普沃斯

霍克尼

霍普

侯赛因

BARBARA HEPWORTH 芭芭拉·赫普沃斯

英国人
1903—1975

这位雕塑家是20世纪英国最著名的雕塑家之一。她的作品用虚实交会的方法呈现出各种不同的主题，从轻松愉快到庄严肃穆，不一而足。1939年她定居于英国西部康沃尔郡，该地的自然环境和巨石阵对她产生了极大影响。

1903年，芭芭拉·赫普沃斯出生于英国约克郡韦克菲尔德。20年代早期，她在伦敦利兹艺术学院和皇家艺术学院均获得奖学金，并发展出一种庄严肃穆的古典雕刻风格。当时常规学院派的作风是按照艺术家设计好的模具来对石头进行雕刻，然而带着对意大利艺术的浓烈兴趣，她和她的丈夫，即雕刻家约翰·斯基平，开始进行“直接雕刻”。由此，她的作品逐渐变得更加抽象，更加庞大笨重，更加鲜明地反映材料本身的线条。

直到30年代，赫普沃斯才发展出一种和她第二任丈夫本·尼科尔森相近的高度抽象风格。他们俩和亨利·摩尔作为“第一单元”的成员参加国际展览，并向非具象画派的期刊投稿。赫普沃斯的作品带有强烈的几何“建构”元素，但同时又因巨石阵和康沃尔郡自然环境的启发，而呈现出末端逐渐细长、中间鼓胀的形态。《梯队形态》（1938年）这件中间穿孔的作品甚至出现在1953年的一部电影中，立在康沃尔郡史前巨石群旁。

第二次世界大战爆发之后，她和家人不得已迁往康沃尔郡。十年之后，

去哪里欣赏赫普沃斯的作品？

- 圣路易斯，芭芭拉·赫普沃斯雕塑园
- 韦克菲尔德，赫普沃斯美术馆
- 利兹美术馆
- 伦敦，泰特英国美术馆
- 韦克菲尔德，约克郡雕刻公园

你知道吗？

对赫普沃斯而言，艺术创作就是她自我的延伸，“直接雕刻”是她与生俱来的本能。她曾说过：“我知道怎么雕刻。我生来如此，这没什么了不起的。”

赫普沃斯与《碎片形式》，大理石，1963年

她在那里买下了Trewyn工作室——她在一次房屋火灾中丧生之后，这个工作室就变成了芭芭拉·赫普沃斯博物馆。这个新居使她有足够的空间创作大型青铜雕塑及其他金属雕塑，不过她还是继续使用大理石，并创作了《碎片形式》（1963年）。从这个工作室出来的一些作品如今还展示在博物馆外面的花园里，有一部分相当大。例如《笔直地穿过去》（1966年）这件作品就名副其实地可以从中穿过。其他作品通过形状、纹理和色彩的对比而相互衔接，显得比较内敛。例如《春天》（1966年）这件夺人眼球的作品，会使观者联想到自然界的季节更替。

赫普沃斯曾说过："如果换一个时代……我应该会专心致志地雕刻教堂。"这段著名的言论使我们得以洞悉她的巨作《黑教堂》（1958年）。她平时不外露的宗教热情却在这件钻石状的令人振奋的作品中一览无余。

毫无疑问，赫普沃斯习惯于用抽象风格进行表达，不过偶尔也可见其他方式，例如她在伦敦为约翰·路易斯百货商店创作的铝制作品《翼》（1963年）。在这个案例中，从翼状雕塑中铺设而过的草坪使得整件作品栩栩如生。赫普沃斯这么多作品一直在阐述固体与虚设之间的关系、内在与外在的关系等，而在这么多的特点当中，最为出众的无疑是她对塑形的追求。

《春天》，青铜与线，1966年

DAVID HOCKNEY 大卫·霍克尼

英国人
1937—

大卫·霍克尼（1937年出生于英国约克郡）最脍炙人口的作品使他在尚存于世的艺术家当中获得极高的地位。他近期的作品展览吸引了大量观众，他本人也从叛逆的天才华丽转身，成为英国艺术界受人尊敬的老一辈楷模。

霍克尼早年在约克郡度过，那里的自然风光极大地影响了他后期的创作。20世纪60年代早期，霍克尼在伦敦皇家艺术学院学习。作为一名波普艺术家，他与罗纳德·布鲁克斯·基塔伊、帕特里克·考菲尔德及艾伦·琼斯一起，开始在艺术界崭露头角。他的早期作品，例如《我们这两个执着的男孩》（1961年），不仅使用了大胆且别具异国情调的主题，还融合了创新的风格以及技法。

霍克尼于1964年迁往加利福尼亚州，并在那里真正地创造了最令人印象深刻的作品，这些作品代表了20世纪60年的享乐主义。比如说，《更大水花》（1967年）用丙烯酸涂料画的户外游泳池，这幅画作融合了大胆前卫的图形设计以及明亮的色彩。同时，他的其他画作中出现的裸男们，反映了那个时代对同性恋的态度正在变化。

虽然他的画作往往带有颠覆性色彩，但是他本人却不是一个摧毁传统偶像的人。比如说，虽然他的群体肖像画《克拉克夫妇》（1970—1971年）推翻了托马斯·庚斯博罗在《安德鲁斯夫妇》（约1750年）中对于性别的刻板印象，因为在

去哪里欣赏霍克尼的作品？

- 布拉德福德，卡特赖特·霍尔美术馆
- 洛杉矶郡艺术博物馆
- 丹麦，胡姆勒拜克，路易斯安那博物馆
- 布拉德福德，索尔泰尔，萨尔茨纺织厂
- 伦敦，泰特英国美术馆

你知道吗？

霍克尼创作的户外大型绘画，或许是世界之最。《水边更大的树林》（2007年）的宽度超过12米（约40英尺）。这幅作品由50幅油画组成，据传言，他在进行创作时身穿多层外套，戴着加热过的手套。

霍克尼与《水边更大的树林》，帆布油画，2007年

他的画中，男人们都是坐着的，女人们都是站着的，但是他还是向18世纪的前辈表达了敬意。同时，他后期的画作也汲取了英格兰风景画的传统风格。

霍克尼在照相技艺上也很有创新精神，特别反映在他的照片拼贴画中。受毕加索和填料立体主义的影响而出现的多重视角令他后期的画作有别于他早期作品所使用的常规视角。随后，彩色照片、高分辨率数码影片以及iPad等这些接踵而来的技术革新，使霍克尼得以用不同的方式展现他对自然界的感受。但是

他并没有闲置他的传统绘画技巧，实际上，在过去长达十五年的时间中，霍克尼在约克郡东部室外使用水粉及油画技法进行创作就是很好的佐证，这些创作包括巨型作品《水边更大的树林》（2007年）。霍克尼同时也仔细学习了19世纪前伟大画家们所突破过的视觉研究，并撰写了一本名为《秘密知识》（2001年）的书。书中认为，摄影暗盒在西方艺术中的使用率要比历史学家们普遍接受的使用率高很多。

爱德华·霍普

美国人
1882—1967

爱德华·霍普对于美国生活的感伤描写成为20世纪最令人难忘的画面之一。这些画作的艺术表现形式以及叙事特质推动了电影类似的发展，许多知名电影人都公开表示他们从霍普的作品中汲取过灵感。

霍普1882年出生于美国纽约的奈阿克镇，在家庭的鼓励下来到纽约学习商业插图制作以及绘画。接着，他在一家广告公司工作，并于1906年开始游历欧洲。旅途中，他受到爱德华·马奈以及法国印象派的影响。这一经历激发他精进绘画技巧，然而他还是以自由商业画家的身份工作了十六年，才终于从1924年起获得评论家的好评。

《铁道旁的房屋》（1925年）是他第一幅被纽约现代艺术博物馆收藏的作品。这幅作品展现了霍普忧郁的风格。画中的大宅带有几近拟人的特质，所有的窗户都被密不透风的窗帘遮住。霍普在麻省海岸边创作的所有作品充斥着浓烈的孤独感，例如《科德角的日落》（1934年）。值得一提的是，霍普的画作总是刻画现代都市生活带来的隔离感。

美国生活是霍普油画的主题，他的作品总是聚焦在典型的环境，并把多余的细节最小化。霍普笔下的人物无论是在工作还是在玩耍，无一不呈现出孤立于其他人的忘我状态。那些描写夜晚的窥探式画作十分明确地显露出该特点，

去哪里欣赏霍普的作品？

- 芝加哥美术馆
- 马德里，提森-波涅米萨博物馆
- 纽约，现代艺术博物馆
- 纽约，惠特尼美国艺术博物馆
- 康涅狄格州，纽黑文市，耶鲁大学美术馆

你知道吗？

电影导演阿尔弗雷德·希区柯克公开表示《铁道旁的房屋》（1925年）是出现在电影《惊魂记》（1960年）中汽车旅馆的原型。德国导演维姆·文德斯表示霍普的画作使人享受到一种类似于看电影的感受，观者会去想象之前发生了什么，之后又会发生什么事情，静止的画面就这样动了起来。

同时也说明了霍普擅长在帆布上运用光线和暗影。例如《夜莺》（1942年），在这幅画里，坐在巨大玻璃窗内的食客被灯光照射，显得非常明亮，但是他们却对屋外空旷的街道毫无兴趣，彼此之间也毫无交流。

抛开这种剥离感，霍普的画作也使人得以一瞥他的私人生活，因为画里许多女人都以他1924年娶的妻子乔为原型。在《西边的汽车旅馆》（1957年）一作中，画家的妻子和轿车被赋予了几乎同等的地位，而别克车所处的位置仿佛是从他妻子的胸口冲出来似的。

《夜莺》，帆布油画，1942年

与《西边的汽车旅馆》完全相反，《一座城市的早晨》（1944年）却展现出非常亲密的感情色彩，画中一名裸体人物沐浴在光线中，并朝左边的窗户望去。这种遐想形式的画作代表了霍普作品的特质，用他本人的话来说，这些画作是“个人内心世界的外部展现”。

MAQBOOL FIDA HUSAIN 马克布勒·菲达·侯赛因

印度人
1915—2011

马克布勒·菲达·侯赛因（1915年出生于印度本特尔布尔）被誉为印度的毕加索。他是一名极其高产且富有创意的画家。实际上，由于他的画作太具有颠覆性，再加上他对印度教的表现手法遭到来自祖国的大量批评，他最终不得不在流放中结束了自己的生命。

侯赛因在印多尔度过了早年时光。在以印度教为主的社会中，作为一名一穷二白的穆斯林，侯赛因并没有接受太多正式教育。年轻时，他一边为孟买的电影院绘制电影海报，一边在孟买的Sir Jamsetjee Jeejeebhoy艺术学校短暂地学习了一段时间。1947年，他加入"孟买进步艺术家协会"。他和组织中的其他画家弗朗西斯·牛顿·苏扎以及席德·海德尔·拉扎一样取得了国际名声，但与他们不同的是，侯赛因选择留在了孟买，并在那里度过了自己的大部分时光。

虽然侯赛因受到立体主义的极大影响，但是侯赛因的重要作品依然大受好评。他的画作带有强烈的色彩，并且主题跨度很大，从骏马、电影明星到历史场景。20世纪50年代中期，他获得许多国家级大奖，他的第一部电影《透过画家的眼睛》（1967年）还获得了柏林电影节的奖项。四年后，他和毕加索成为圣保罗双年展的主审评委。

70年代中期，在印度那段非常时期里，侯赛因把总理英迪拉·甘地神化为杜尔迦女神而受到激烈批判。他本人有勾勒女强人的倾向，出现在他作品中的女强

去哪里欣赏侯赛因的作品？

- 马萨诸塞州，塞勒姆，碧波地·埃塞克斯博物馆，切斯特及黛维达·赫威茨藏品
- 孟买，国家当代美术馆
- 新德里，国家当代美术馆
- 多哈，伊斯兰艺术博物馆

你知道吗？

1986年到1992年期间，侯赛因是印度上议院的议员。他受到总理拉吉夫·甘地的提名，专门在上议院画其他议员的神态动作的素描。

人有特蕾莎修女，也有在他不卖座电影《加亚加米尼》（2000年）中出演的宝莱坞明星玛都丽·荻西特。侯赛因在三十年中创作了一系列关于印度女神杜尔迦、吉祥天女拉克希米以及辩才天女萨拉斯沃蒂的画作，其中的女神大多只以蓝天为遮体衣，他的新作*Bharatmata*（《印度母亲》）（2006年）也是如此。这一系列画作引发了激烈的游行示威，他不得不于2006年选择离开印度开始流亡生活。

2010年，他成为一名卡塔尔公民，并继续马不停蹄地环游世界。他画了许多关于纽约和伦敦的画，最后于2011年在伦敦去世。他的一件作品在拍卖会上能以上百万美元的价格成交。他去世前还在雄心勃勃地创作一系列由钢铁巨头拉克希米·米塔尔委托创作的画作。这些画作的主题全部围绕着“印度文明”。

Kalyani Kutty, 帆布油画，年份不详

印第安纳

ROBERT INDIANA 罗伯特·印第安纳

美国人
1928—

罗伯特·印第安纳（1928年出生于美国印第安纳州纽卡斯尔）是美国波普艺术的领军人物。他大胆的绘画风格以及对于“爱与希望”等词汇的运用令他赢得了国际赞誉。1963年，他断言波普艺术已经替代了长期霸占美国画展最新艺术风格专区的抽象表现主义，并认为波普艺术“大概能流行十年”。

1949年，罗伯特完成兵役后进入了芝加哥艺术学院。他在缅因和爱丁堡完成学业之后，便定居纽约。在那里，他用装饰着自然艺术品（例如金属车轮）的粗糙木板、令人联想到指路牌的刻板字母和彩色线条，创作出雕刻作品。《Z形》（1960年）令人联想到经典的希腊赫尔墨斯方形石柱，尽管石柱上男性生殖器官的刻画非常简朴。印第安纳的作品总是这样，融合了平常生活、高雅艺术以及污秽文学。

60年代期间，印第安纳是波普艺术运动的重要成员，并于1962年在西德尼·詹尼斯画廊参与了开创性的新现实主义展览。印第安纳的作品虽然也使用了电话拨盘、符号以及其他无所不在的波普符号，但其简单扼要的创作方式却也反映了由他的朋友埃尔斯沃斯·凯利发扬光大的硬边抽象主义。用印第安纳自己的话说，“波普不是硬核就是硬边，而我是一个硬边波普”。

精细技术以及模板刻印的应用掩盖了作者通过作品（例如创作于1962年的

去哪里欣赏印第安纳的作品？

- 印第安纳波利斯美术馆
- 俄亥俄州，牛津，迈阿密大学美术馆
- 纽约，现代艺术博物馆
- 纽约，惠特尼美国艺术博物馆

你知道吗？

印第安纳跟他的父母一起住过20多个房子，这段经历反映在作品《母亲和父亲》（1963年）中。后来，印第安纳的父亲跟另一个女人跑了，离开的当晚，他的母亲拿上一把38口径的左轮手枪，跳进车里把整个乡村翻了个遍。印第安纳的画作将这对夫妇呈现为“完全不知前路的哀伤”。

《德穆斯美国梦第5号》，帆布油画，1963年

《吃/死》）想要表达的真正意图（指他父母的去世）。而其他的作品则可直接追溯到查尔斯·德穆斯的作品《我在金子中看见了数字5》（1928年）。这一作品启发了印第安纳在他的创作中使用了同样的数字（如创作于1963年的《德穆斯美国梦第5号》）。这是一个运用复杂数字学的经典案例，在清晰明了的画面中掩藏画面背后的深奥意义。从某种程度上来说，同样的复杂数字学应用也出现在了画作《爱》（1966年）中。这一画作多次被复制成不同格式，大到金属雕塑，小到邮票。在元素简洁明了的外表之下，名词和动词、第一手的个人经历和第二手的他人经验都在互相冲撞。而这种简洁方式不仅表达了对爱的赞美，而且展现出作者对于那个时代政治的反思。

印第安纳一向是一名善于表达、有深刻洞察力的艺术家。当纽约世贸中心遭遇袭击之后，他创作了《阿富汗》（2001年）。当美国领导的部队入侵伊拉克时，他创作了《和平》系列（2003—2004年）。没有多少艺术家能够像他一样将美国梦中的乐观、幼稚以及危险有力地刻画在自己的艺术作品中。

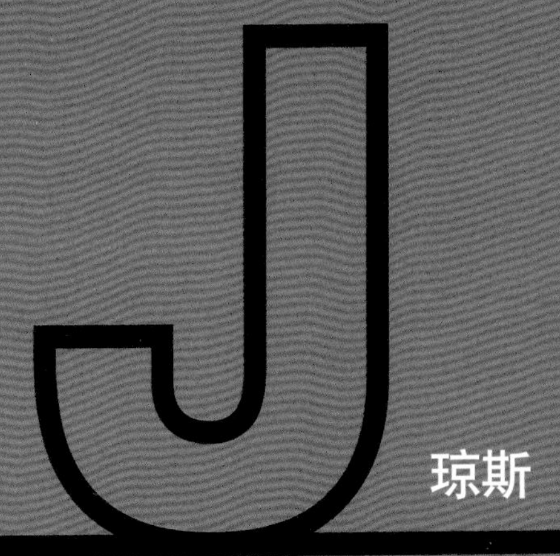

琼斯

JASPER JOHNS 贾斯培·琼斯

美国人
1930—

贾斯培·琼斯的作品体现了一个悖论：他的作品虽然建立在非个人符号的重复，却还是能被人立刻辨认出来。20世纪60年代，陈词滥调和随处可见的重复图案形成一股推动波普艺术的重要力量，而他拒绝传统艺术创作概念的理念也让他得到了“新数据”的称号。

贾斯培·琼斯（1930年出生于美国佐治亚州的奥古斯塔）参加朝鲜战争（1950—1953年）之前，在南加州度过了他的孩童时期和学生时期。1953年，当他从战场回到美国本土时，曾短暂地就读于纽约的城市学院。但是，更值得一提的是他和艺术家同伴罗伯特·劳森伯格、作曲家约翰·凯奇以及舞蹈家摩斯·肯宁汉之间的友谊和合作。

琼斯的艺术生涯发展得很迅速。他先是销毁了自己所有的早期作品，它们都是受到库尔特·施威特斯和约瑟夫·康奈尔启发而创作的。接着，和劳森伯格一样，他拒绝接受抽象表现主义的主观性。到了1954年，他迸发出一个更加宏伟的愿景：他希望绘画一幅巨大的美国国旗。很快，他便以烧蜡法（热蜡）为媒介，将这个想法付诸行动。他还用相同的办法制作了箭头、模板数字以及字母。

虽然这些符号本身非常容易理解，但是琼斯却故意以模棱两可的方式使用它们。在他的一些作品中，会看到一个画出来的扁平箭头和石膏制作的面庞模

去哪里欣赏琼斯的作品？

- 巴塞尔美术馆
- 科隆，路德维希博物馆
- 纽约，现代艺术博物馆
- 亚琛，新美术馆

你知道吗？

1980年，纽约的惠特尼美国艺术博物馆花了一百万美元买下《三面旗帜》（1958年）。在当时，这是史上给在世艺术家作品出的最高价，而到那个年代的尾声时，他的作品已经攀升到这个价格的十七倍了。

具并列摆放。琼斯通过混合不同介质和材质，混淆人们对观赏者和被观赏物体之间的关系的认知。琼斯乐于将工业熔铸和工业特质略低的制造步骤相结合，这种方法明显体现在《上色的青铜》（1960年）中，这是一个由两个啤酒罐组成的雕塑。虽然这个作品表面上与安迪·沃霍尔稍后创作的汤罐头以及其他消费性产品类似，但《上色的青铜》在工艺上和概念上都更加复杂。

这个时期的琼斯也开始制作版画，而且经常重新使用他自己已经几乎完成的塑像成品。同时，他也把制作复制品的热情，以Pop的方式拓展到《蒙娜丽莎》（约1503—1506年）及其他伟大画家作品的复刻。但是，复刻并没有阻止他正式地实验新的艺术技巧，那些创作于20世纪七八十年代，大胆的交叉平行线图案就是实验的产物。《钟与床之间》（1981年）就是典型的结构严谨的抽象作品，虽然这幅画的名字与爱德华·蒙克的一幅自画像相同，但它绝不雷同。

这件作品体现了琼斯两个最主要的底层探索：其一是世界与想象之间的关系，其二为艺术原创力的概念。这些主题贯穿于琼斯的艺术生涯，并周期性地出现。最近在纽约现代艺术博物馆展出的《后悔》系列（2013年）中，就十分凸显这些特点。这些帆布上盖着画名的作品尽管相当抽象，但它们还是明显指向艺术家卢西安·弗洛伊德在一张照片里的绝望姿态，而这张照片在他的画家朋友弗朗西斯·培根手中。这种隐喻的链条——作品中藏着另一件作品的幽灵——是琼斯技艺的基础，而正是这种基础奠定的艺术性，使他从20世纪50年代起，就成为一位如此独树一帜的艺术人物。

《三面旗帜》，拼贴蜡画，1958年

卡罗
康定斯基
克利
草间弥生

FRIDA KAHLO 弗里达·卡罗

墨西哥人
1907—1954

弗里达·卡罗（1907年出生于近墨西哥城的科约阿坎）的主要成就在于，她把自身的特点和来源于个人生活及墨西哥的多样文化遗产主题融合在一起，从而将她自己塑造成一个色彩缤纷的标志性人物。跟她的壁画家丈夫迭戈·里维拉一样，卡罗是一名忠诚的共产党员。马克思和斯大林在她的作品《马克思主义将治愈疾病》（1954年）中出现，而她的一些作品中出现的凄凉工业场景也非常明显地影射了美国资本主义。

卡罗出身于一个中产阶级家庭。十八岁那一年，她经历了一场巨大变故——在墨西哥城中，一辆电车撞上了她所乘搭的巴士。从此以后，一生经历了三十多次手术的她，一直没能从那场变故中完全恢复过来。那场车祸后，她开始作画，并在一年后创作出自己首幅自画像，画中她拉长的脖子和手令人联想到意大利文艺复兴时期的优雅画作。

渐渐地，卡罗发展出极具墨西哥特色的绘画风格。作品《在墨西哥与美国之间的自画像》（1932年）中，她将自己描绘成一名手拿国旗的前哥伦布时代的女子。其后的作品中，她时而将自己和猴子、鹦鹉以及其他热带花朵并排摆放，时而将自己描绘成戴着墨西哥风格蕾丝头饰的女子。

卡罗有时将自己描绘成为带有里维拉（1929年结婚的丈夫）面容的人物，

去哪里欣赏卡罗的作品？

- 墨西哥城，Conaculta-INBA，当代美术馆
- 墨西哥城，多洛雷斯·奥尔梅多·帕蒂诺博物馆
- 墨西哥城，弗里达·卡罗博物馆
- 纽约，现代艺术博物馆
- 华盛顿，国家女性艺术博物馆

你知道吗？

卡罗和里维拉有着非常跌宕起伏的关系史，他们结婚，离婚，一年后又复合。他们都有婚外情：里维拉和卡罗的妹妹发生婚外情，而卡罗为了报复她的丈夫和妹妹的背叛，和著名的共产党、列夫·托洛茨基发生恋情。

《与猴子的自画像》，纤维板油画，1940年

他突起的眉骨落在她高傲的眉毛之上。她其他的作品描绘了婚姻更为黑暗和悲剧的一面。作品《红褐色头发的自画像》（1940年）中反映出她对性化的非传统式探索，同时在画中出现的墨西哥歌曲的歌词“看，如果我是因为你的头发而爱你。现在你没有头发，我再也不爱你了”，则映射出卡罗对于和里维拉离婚的情感。他们在一年后又复合了。

1954年，卡罗去世，整个墨西哥都为她默哀，然而她真正取得国际赞誉，却是20世纪70年代的事。她的作品被麦当娜等明星收藏家所追捧。2002年，由朱丽·泰莫导演、萨尔玛·海耶克主演的纪念式电影《弗里达》追忆了卡罗本人。

《剪发自画像》，帆布油画，1940年

WASSILY KANDINSKY 瓦西里·康定斯基

俄国人
1866—1944

瓦西里·康定斯基（1866年出生于俄国的莫斯科）是抽象画派的先锋，并为重新定义绘画的功能做出了大胆的尝试。对他来说，艺术的目的是表达超脱于世界之外的丰富多彩的精神现实。由于受到一门叫作神智学的深奥哲学的启发，他立志于创造与音乐类似的、抽象的、非具象的艺术形式。

虽然康定斯基在敖德萨市长大，但是他却对自己的出生地莫斯科所具有的“童话”特质有强烈偏好。受无形体艺术、俄国文化符号以及民间艺术主题的影响，他对19世纪俄国绘画现实主义十分抵制。1896年，莫斯科举行的一场印象派画展对他彻底反对19世纪现实主义起了至关重要的作用。

1896年，他迁去慕尼黑后，其画作开始运用印象派的大色块手法，描绘了非写实的、极具张力的自然风光。他在慕尼黑的Phalanx School教学时，遇见了自己的爱人，即表现主义艺术家加布里埃尔·蒙特。他们俩在接下来的几年间游历了许多地方，最终在巴伐利亚的小镇穆尔瑙定居下来，1909年，蒙特还在那里购置了一套房产。两位艺术家都受到马蒂斯和野兽派的影响，创作出颜色鲜明的自然风景画作。

渐渐地，康定斯基的作品变得越来越抽象，尽管如此，像“圣·乔治屠戮巨龙”这种晦涩的主题还是能从他的作品《白边作画》（1913年）和其他同时

去哪里欣赏康定斯基的作品？

- 巴黎，蓬皮杜中心
- 纽约，所罗门·R. 古根海姆博物馆
- 慕尼黑，市立伦巴赫美术馆
- 圣彼得堡，俄罗斯国家博物馆
- 莫斯科，国立特列季亚科夫画廊

你知道吗？

康定斯基1896年观看了由理查德·瓦格纳写的歌剧《罗恩格林》时做出了以下描述：“狂野，近乎疯狂的线条”和颜色呈现在他眼前。“总体来说，艺术蕴含了比我预期中还要强大的能量，而另一方面，绘画拥有和音乐同等的艺术潜能。”

期的作品中解读出来。1913年末，他的作品已经变成了彻底的抽象画，画中只有由不同长短、宽度和质感的线条互相作用形成的线团。在他所著的书《关于艺术精神》（1912年）中，康定斯基描述了他如何致力于在欣赏者内心创造一种内部的“音乐颤动”，而他的许多作品也被标为音乐名称，比如“即兴创作”和“作曲”。在这段高产的艺术时期，他和弗兰茨·马尔克以及艺术家团体Der Blaue Reiter（蓝色之河）密切合作。而“蓝色之河”这一名字代表了康定斯基朝着抽象主义不断前进的艺术主题。

第一次世界大战的爆发迫使康定斯基返回俄国。然而1917年十月革命爆发后，他又不得不在1921年回到德国。之后的几年当中，他开始和包豪斯学院合

《作曲8》，帆布油画，1923年

作，直到1933年包豪斯解散。康定斯基曾在莫斯科受俄国建构主义影响而发展出自己的画风，包豪斯对艺术的理性理解恰好充实了这一画风。结果，康定斯基的作品变得更加简约和棱角分明，色彩的运用也愈加柔和，例如《作曲8》（1923年）。不过，与此同时，他的作品中还是充斥着原有的奇幻以及个人精神领域风格。

纳粹解散了包豪斯之后，康定斯基便迁居至法国。1941年，他拒绝了移民美国的邀请，在法国过着远离尘世纷扰的生活，直到他离世。

PAUL KLEE 保罗·克利

德国人
1879—1940

保罗·克利（1879年出生于瑞士伯尔尼附近的明兴布赫塞）是20世纪最高产的画家之一。他的作品结合了绚丽的色彩、严肃的形式表现和自己真挚的艺术才能。他从现代运动以及其他人可能并不特别关注的艺术运动中汲取养分，并在学习他人艺术风格的基础上保留了自己的艺术特质。

克利因父亲的缘故而获得德国国籍，并在慕尼黑学习。其间，他逐渐地与瓦西里·康定斯基和Der Blaue Reiter（蓝色之河）关系密切。1910年，他在巴伐利亚省首府受到巴勃罗·毕加索作品展的激励，但更加重要的是，几年后他与罗伯特·德劳奈在巴黎的会面，深刻地影响了他的艺术生涯。

影响克利色彩运用的除了德劳奈之外，还有他1914年的突尼斯之旅。那次旅行之后，他做出了“色彩与我为一体，我是一名画家”的宣言。这一顿悟促使他创作出充满抽象彩色平面的作品，例如《三座房子和一座桥》（1922年）。这个时期里，他也创作了《纪念恺撒大帝》（1920年）这类讽刺作品。这一作品展示了他的油画转换技法。这种创新技法需要先在白纸上垫的纯色色卡上作画，这样色卡下的白纸就会留下压痕。

第一次世界大战结束之后，克利短暂地参与了左翼暴动，接着便逃离了不可避免的公共舆论谴责，来到位于伯尔尼的伙伴住处。两年内，他就在包豪斯

去哪里欣赏克利的作品？

- 巴塞尔美术馆
- 柏林，保罗·克利中心
- 伯尔尼美术馆
- 汉诺威，史普格尔博物馆
- 纽约，大都会艺术博物馆
- 纽约，现代艺术博物馆
- 艾奥瓦州，得梅因艺术中心

你知道吗？

克利来自一个音乐世家。20世纪早期，他以职业小提琴手的身份为生。他在众多画作中展现出对音乐的持久热情，这一特点在他20世纪30年代早期的点彩派画作中可以看出。这些点彩派画作布满复杂排列的形状和颜色，营造出和音乐创作中复调音乐类似的效果。

学院得到了一个重要的教学职位，并一直持续到1931年。在这段时期内，他的许多作品充斥着与包豪斯建构主义一致的网格状点，同时，也有其他作品由规整的红绿渐变所统治，但整个画面效果总是既不做作，也不过度精简。

尽管某些“颜色梯度”过于抽象，但克利所创作的一批水彩画还是展现了狂野诗歌般的想象力，并引起了超现实主义画家的注意，他们称赞克利的画作好似孩童直觉的产物，并将他的作品收录进1925年的超现实主义展览。

1931年，克利迁居至杜塞尔多夫，并在那里得到了一个新的教学职位，同时也创作了许多点彩派画作，例如《重调音乐》（1932年）。他在这些画作中以马赛克般的密度铺洒鲜艳的颜色。不幸的是，当他到达事业的顶峰时，两个灾难却接踵而来：希特勒于1933年掌权，不久克利便患了退化性疾病，并在1940年因此丧命。克利丢了工作之后，便和家人一起搬到了伯尔尼。即使环境如此恶劣，他还是继续工作。黑暗充斥了他的画作，例如《梦中的大灾难》（1939年）。尽管如此，在《依然发光》（1939年）这类画作中，我们还是能看到他早期作品中那种明亮光线的绘画手法。

《三座房子和一座桥》，纸上水彩和铅笔，1922年

《依然发光》，纸上水彩和铅笔，1939年

YAYOI KUSAMA 草间弥生

日本人
1929—

日本画家草间弥生（1929年出生于日本松本）利用她常年的精神疾病经历，创作出令她一举成名而又充满争议的雕塑、滑稽可笑的展品以及圆点花纹画作。她曾经描述她这一生对世界的感觉就像被囚禁于“自然、宇宙、人类、鲜血以及花”的强烈情感中，她将这种斗争情感融进了她的艺术作品中。

尽管得不到家庭的支持，草间还是在进入京都艺术学院之前，把家里做育苗床生意留下来的袋子碎片当作油画布，在上面作画。她拒绝学校的传统教学，到了20世纪50年代早期，她已经开始用水彩颜料创作圆点花纹作品。这些作品提供了一种逃脱方式，并且让草间有机会表达她的精神错乱和幻觉，在这类精神经历中，她周边的所有物品似乎在无穷无尽地进行自我复制。

1957年，草间离开日本那令人窒息的保守氛围，来到美国开始创作名为《无穷的网》的大型抽象画。许多具有细微变化的白色小点构成精致而简洁的作品，暗喻了宇宙那势不可当的无边无际。她在纽约结识了安迪·沃霍尔等知名人物，并在20世纪60年代为波普艺术展览提供了许多颠覆性的日常用品，包括沙发、橱柜、折梯和高跟鞋等，这些物品插满了阴茎形状的布料填充物，以此嘲讽阴茎崇拜的权威。

伴随这些所谓的《堆积物》雕塑而来的，是20世纪60年代末的“赤裸的偶

去哪里欣赏草间的作品？

- 里尔欧洲火车站
- 洛杉矶郡艺术博物馆
- 东京，国立近代美术馆
- 伦敦，泰特现代美术馆
- 明尼苏达州，明尼阿波利斯，沃克艺术中心

你知道吗？

20世纪70年代晚期，草间被永久性地收容至东京的一家精神病医院，她却在医院旁的一间工作室里继续进行艺术创作。她也通过系列小说来解释她的内心世界，这些系列小说以《蚂蚁们的精神病院》（1994年）告终。

发艺术”，它们与越南战争期间席卷美国的嬉皮文化精神不谋而合。草间十分认同新兴的嬉皮文化，她在《自我毁灭》系列中用圆点画下自己和其他参与伙伴，也在《解剖爆炸》的偶发艺术中进行表达，还去参加各种形式活泼的打票狂欢派对。这一系列的事件最终催生了《草间的自我毁灭（第82号）》（1967年）这部十分受欢迎的批判性电影，其中的音乐来自摇滚乐队“群体想象”。

草间十分精明地把她的作品推向商业化，并作为时尚设计师以“草间时尚研究所”的品牌大获成功。依靠该品牌，她售卖圆点花纹的物品，其中有些甚至是十分大胆的猥亵图案。然而，由于她一直备受争议，在美国的名声也开始衰落，于是在1973年，她回到日本，在那里创作各种巨型植物雕塑，例如《南瓜》（约1994年），其中有些雕塑是为公共空间而创。此外，她还绘制了挤满眼球的晕眩画作和更多“圆点执念”的作品。在《无穷的房间》这件装置艺术里，她用微笑的灯光和镜子创造了一个神奇的永无止境的远视觉。晚年的草间手中握有大量作品，这些作品在拍卖会上可带来超过五百万美元的价值。

《圆点执念》（慕尼黑美术馆装置展），混合媒介，2007年

莱热
利希滕斯坦

FERNAND LÉGER 费尔南德·莱热

法国人
1881—1955

费尔南德·莱热（1881年出生于法国诺曼底的阿尔让唐）是一名重要的立体派先锋，他对法国抽象艺术的发展做出了独树一帜的贡献。但是，他最为突出的贡献却是具象派作品，而这些作品通过巨大的工人画面表达了他的左翼政治决心。

在就读巴黎的装饰美术学院之前，他曾做过建筑师学徒。年轻时的莱热受到各个艺术流派的影响，包括印象派、新印象派和野兽派，但他不久之后又将自己的大部分早期作品都付之一炬。1909年之前，他那种简化人类外貌的艺术方式不免让人联想到保罗·塞尚，而这种艺术趋势令他敞开胸怀拥抱巴勃罗·毕加索以及乔治·布拉克的创新。在《抽烟的人》（1911—1912年）这幅画中，突出的烟圈甚至被转化成立体派平面。到了1913年，他的作品充满轮廓明朗、使用基本颜色的圆锥体。虽然他的某些画作还带有强烈的具象派风格，但是其他的作品，特别是《形式的对比》（1913年），都是充满活力、传递现代生活能量的纯粹抽象作品。

在绘画形式上进行多种实验的莱热，是一个与周围世界积极互动的艺术家。在第一次世界大战的前线，莱热以士兵同伴为主题，创作了许多令人印象深刻的作品。回到巴黎后，他决心要使用更多现代的大众化主题。他的油画描

去哪里欣赏莱热的作品？

- 巴黎，蓬皮杜中心
- 比奥，费尔南德·莱热国家博物馆
- 纽约，现代艺术博物馆
- 费城艺术博物馆
- 奥特洛，克勒勒-米勒博物馆
- 纽约，所罗门·R. 古根海姆博物馆

你知道吗？

莱热的电影作品《机械芭蕾》（1924年）有节奏地出现了移动的机械、人体、家用物件及其他抽象形状。乔治·安泰尔为它配上了许多有趣的音效，例如，他将木头或皮革碎屑放进电动风扇中，制造出螺旋桨的声音。

《形式的对比》，帆布油画，1913年

绘推进器及其他机械部件，除此之外，广告的视觉冲击启发他创作了《城市》（1919年）。在他的笔下，人类的外形变得非常纤细，并带有金属感，一如重要画作《三个女人（丰盛的午餐）》（1921年）一样，然而，这三个裸体女性还是令人想起西方绘画的传统。

《三个女人（丰盛的午餐）》，帆布油画，1921年

受到他满腔集体主义热忱的感染，巴黎委托他创作了一些公共壁画。1925年，他与罗伯特·德劳奈、阿梅德·奥占芳在“当代工业装饰艺术国际展览”中合作。阿梅德把艺术和建筑融合一体的纯粹主义思想在当时影响了莱热。十二年后，这个艺术项目在“现代科技装饰艺术国际展”中延展至对工业及自然世界的描绘。此时，他与学生合力创作的方式令人联想到的不再是公社，而是文艺复兴时期的研讨班。

莱热在美国度过第二次世界大战后，于1946年回到法国，并在那里创作了带有强烈政治色彩的画作。这些作品包括《莱热（向雅克·路易·大卫致敬）》（1948—1949年）以及其他描绘普通人的出众画作。他在雷诺工厂餐厅中为各阶层观众群体展现其作品。总体来说，他的作品以一种取悦精英阶层的方式代表了普通大众。

ROY LICHTENSTEIN 罗伊·利希滕斯坦

美国人
1923—1997

受漫画及广告制作方式的影响，罗伊·利希滕斯坦的作品对美国波普艺术的发展具有深远意义。尽管他持续吸收新的图像来源，但他的作品从20世纪60年代开始始终如一地保持了独特的风格。

利希滕斯坦（1923年出生于美国纽约）是土生土长的纽约人，青少年时代的他一开始在这里短暂地学习了艺术，接着便于1940年到俄亥俄州立大学哥伦布分校学习。在俄亥俄州，他受到霍伊特·L. 谢尔曼，一个对感知心理学有兴趣的野兽派艺术家的影响。服完兵役后，利希滕斯坦开始涉猎广阔的艺术流派，从巴勃罗·毕加索和抽象表现主义到19世纪美国的绘画艺术。莱蒂·卢·艾森豪尔曾经评价他的作品为“在一小块地方创造出一整片沼泽地的感觉”。

到了20世纪60年代，他才开始通过漫画中的小点构图发展出属于自己的绘画语言。一开始，他的作品人物都是诸如米老鼠之类的动画人物，但他很快就开始使用麦格纳丙烯颜料创作关于战争和爱情的作品，而这些作品却显得矫揉造作，华而不实。利希滕斯坦利用对话框，创造了年轻女孩跟她的艺术家男友布拉德（实际上是利希滕斯坦的另一个自我）的剧情故事。与此同时，他的作品《哇！》（1963年）把暴力的瞬间简略为几个惊叹号，将故事的主体（第

去哪里欣赏
利希滕斯坦的作品？

- 芝加哥美术馆
- 巴塞尔美术馆
- 伦敦，泰特现代美术馆
- 明尼苏达州，明尼阿波利斯，沃克艺术中心
- 华盛顿，国家艺术馆

你知道吗？

促使利希滕斯坦采用他最著名绘画风格作画的人，恰恰是他的儿子。当时他们正在看一本米老鼠的连环画，他的一个儿子指着一幅图说：“你肯定没法画得这么好。”于是，利希滕斯坦被迫应战。

《看，米奇》，帆布油画，1961年

二次世界大战中战斗机的对战）琐碎化，同时将画面拔高为圣坛装饰画或历史画，从而创造出庄严神圣的视觉效果。利希滕斯坦喜欢把玩高雅艺术，这种习惯令他创作出许多模仿现代艺术大师的不朽作品。20世纪60年代，毕加索、蒙德里安和莫奈都接受圆点花纹图案，当这种技法被当作抽象表现主义应用于画作《圆点的笔刷》（1966年）时，圆点花纹图案产生特别的趣味。这种近乎放肆的绘画手法被移植成规整的黑色线条图形和彩色圆点时，竟产生了一种荒诞而又可笑的效果。

创作出这些革命性的作品之后，利希滕斯坦转向平缓的创新。《立体派静物》（1974年）之类的作品沿袭了他滑稽模仿作品之路，同时也加入了仿木纹等新的材质作为绘画原料。《完美与不完美》系列（1978—1995年）使用粗犷的线条和明亮的波普颜色，创造出白色且含混不清的抽象形式，利希滕斯坦本人将这种形式称作“蠢笨绘画”。

虽然利希滕斯坦的艺术生涯不断重复使用相似的艺术表现形式，但他的作品却运用不同的材料。这些作品包括电影作品，例如《三种风景》（1970—1971年）；彩色雕塑作品，例如在明尼阿波利斯沃克艺术中心展出的铝塑作品《向油画致敬》（1986年）。六年之后，他受安东尼·高迪的影响，为庆祝夏季奥运会而创作了雕塑《巴塞罗那的头颅》（1992年），这个展出在巴塞罗那滨水区的巨型混凝土陶瓷雕像，恰好表达了波普艺术曾经试图挑战的传统艺术习俗。

马格里特
马蒂斯
米罗
莫迪利亚尼
蒙德里安
摩尔

RENÉ MAGRITTE 勒内·马格里特

比利时人
1898—1967

这位比利时超现实主义画家运用自然的笔触，颇为有效地颠覆了超现实主义。该主义最标志性的符号是一个戴长礼帽的男人，而它代表的不仅是马格里特的另一个我，更代表了在他年幼时期的中产阶级生活记忆中，所抽取出来的每一个人。

勒内·马格里特1898年出生于比利时埃诺的莱西恩，1916年就读于布鲁塞尔的美术学院。他涉猎所有的现代主义派别，从印象派到立体派、未来派，甚至建构主义派。但真正影响马格里特选择具象派的人是乔治·德·基里科，而这一派系也成为马格里特表达自己疏远他人和无理性意向的绝佳载体。

在两次世界大战之间，马格里特以商业艺术为生。1926年，他和其他人一同创建了比利时超现实主义艺术家组织，并在一年后移居巴黎，在那里加入了法国超现实主义艺术家的行列。他在艺术生涯早期发明了许多属于他自己的标志性绘画主题：并排陈列日常物品和机械制作出来的球体或巨塔的木柱；赋予无生命体生命（反之亦然）；而最著名的是，他向图像抛出了充满质疑的言语，例如位于《图画的背叛》（1929年）下方的那句著名的题词："Ceci n'est pas une pipe"（这不是一支烟管）。

虽然西格蒙德·弗洛伊德的潜意识理论对其他超现实主义画家来说是创作

去哪里欣赏马格里特的作品？

- 巴黎，蓬皮杜中心
- 洛杉矶郡艺术博物馆
- 斯德哥尔摩，当代美术馆
- 布鲁塞尔，马格里特博物馆
- 华盛顿，国家艺术馆
- 伦敦，泰特现代博物馆

你知道吗？

马格里特的母亲里贾纳在结婚之前是一名女帽制造商，马格里特十三岁时，她投入桑布尔河中自杀，穿着女式睡衣的尸体十七天后才被人们发现。虽然马格里特从来没有公开讨论过这件事，但是他在河流、洪水和戴着面纱的人物画中，间接地影射了这一事件。

的重要根基，但是对于马格里特而言，感官上的影响显得更加重要。在他的画作《人体条件》（1933年）中，画架所处的位置正好填补了它所遮住的窗外景色。这种模糊内部和外部的艺术手法贯穿在他许多作品中，用马格里特自己的话说：“虽然我们认为世界存在我们之外，但是世界实际上是我们人生经历的内部演绎。”

20世纪30年代，马格里特回到布鲁塞尔，那个时期的画作基本都遵循他之前的艺术风格。然而，第二次世界大战的爆发对他产生了强烈且令人惊讶的影响。有一段时间，他创作了雷诺阿式的滑稽作品，这一行为不仅挑战了那个时期的恐怖氛围，也令他和超现实主义艺术家同僚渐行渐远。在第二次世界大战结束后，他模仿野兽派画作，开启了一段更加奇异夸张的时期，这些作品似乎在对平庸的现代艺术品位发表意见。

实际上，这些画作只是他的异类作品。很快，几年后的马格里特又开始重新启用比他早期的艺术意境还要充满力量的主题。只要在布鲁塞尔的马格里特博物馆中游荡一圈，你就能得到深刻的见解。他的画作以诙谐的标题和强烈的存在感展现出画作复制品无法达到的冲击力。一个极好的佐证就是他颠倒物理定律的艺术趋势。在他的艺术生涯后期，某些作品画着气球般悬浮在天上的大石头，而《光之帝国》（1953—1954年）描绘了一个似乎在晚上被蓝色天空照亮的房子。假如不亲眼看见，观者永远无法真正理解他笔下这个令人惊奇的世界。

《通往大马士革的路》，帆布油画，1966年

《光之帝国》，帆布油画，1953—1954年

HENRI MATISSE 亨利·马蒂斯

法国人
1869—1954

作为现代主义的英雄式人物，法国画家亨利·马蒂斯（1869年出生于法国皮卡第的勒卡托）创作了许多既严谨又充满活力的作品。他的画风极具感染力，冲击感官，即便在他早期的野兽派时期，也还保留着设计意识。在他艺术生涯中，这些艺术特质帮助他创造出一批极为重要的作品，这些作品一路探究主观意识到形而上的各方面的人类经历。

年轻的马蒂斯在成为画家之前，曾是一名律师。他在画家威廉·阿道夫·布格罗和古斯塔夫·莫罗的门下学习绘画，一开始仅用柔和的色彩和保守的方式绘画内景及静物。但是，到了20世纪初期，在快速吸收当时的印象主义及后印象主义的最新发展之后，他开始减少自然主义用色，增加醒目鲜艳的色彩。

这种艺术技法的结晶就是《奢侈品，撩人的平静》（1904年），这幅作品将新印象主义的圆点转化为情色场景。另外一个重要作品就是《生活的欢愉》（1905年），马蒂斯在这幅作品中摒弃了早期作品的点彩画派技法，转而结合绚丽色彩和起伏有致的曲线进行创作。

1905年的秋季沙龙上，安德烈·德兰、莫里斯·弗拉曼克和马蒂斯三人同时一举成名。他们的影响力非常大，其团体被称为Fauves，或者野兽。扁平的

去哪里欣赏马蒂斯的作品？

- 宾夕法尼亚州，巴恩斯基金会
- 巴黎，蓬皮杜中心
- 旺斯，罗塞尔教堂
- 勒卡托，马蒂斯博物馆
- 伦敦，泰特现代美术馆
- 纽约，现代艺术博物馆
- 圣彼得堡，冬宫博物馆
- 尼斯，马蒂斯博物馆

你知道吗？

马蒂斯去过许多国家，1930年，他来到塔希提岛，并在一个环礁湖上观看导演F. M. 穆瑙执导的电影《禁忌》的拍摄。当时他并没觉得这个岛有多吸引人，一直到了晚年时期，这趟旅游带给他的灵感才付诸纸上，变成若干杰作，例如《大洋洲的回忆》（1953年）。

图形，充满动感的色彩以及活跃的笔触在当时都十分大胆前卫，但马蒂斯的作品还是非常有秩序感。当马蒂斯渐渐远离疯狂的野兽派转向更加安静、近乎悦耳的艺术风格时，这种秩序感显得格外明显，例如俄国收藏家谢尔盖・希楚金所收藏的作品《红色的房间（红色里的和谐）》（1908年）。谢尔盖・希楚金还委托马蒂斯创作了其他重要画作，包括《舞蹈》（1909—1910年）和《音乐》（1910年），在这些画作中，阿波罗以及酒神元素平衡得恰到好处。

不过，马蒂斯的作品并非全都如此有装饰性。例如，《蓝色裸体——比斯科拉的回忆》（1907年）这样的画作就以雕塑的方式呈现人类躯体。不受拘束的人体结构也是他同时代作品的特质。例如《循环裸体》（1907年）就是马蒂斯追求抽象以及简约风格所创作的青铜雕塑之一。

尽管他的某些艺术实验，如《马蒂斯的肖像/绿色的线》（1905年），可以当作是对巴勃罗・毕加索的立体主义发展的呼应，但马蒂斯从来没有模仿过他的竞争对手。他通过探究几何主义的形式问题，提出愉悦感官、色彩丰富、有异于毕加索的创作方式，而这些创作方式与他的一次摩洛哥之行有关。1917年，他开始在尼斯工作，并最终在那里定居。他没有把作品主题局限于法国南部，还起用身穿北美当地服装的本地模特作画，例如《红色裙裤的宫女》

《红色的房间（红色里的和谐）》，帆布油画，1908年

（1921年）中的那样。这些作品使人联想到德拉克罗瓦笔下的后宫场景，代表了20世纪20年代法国艺术世界标志性的乡愁。

马蒂斯人生的最后阶段重复着他早年的艺术主题，比如说为了位于宾夕法尼亚州的巴恩斯基金会创作的巨型壁画《舞蹈》（1932—1933年）。他在这段时期对艺术技法也做出了卓越的贡献。马蒂斯在最终的几幅作品中使用了剪碎的彩纸。这种技法的成果表现在《蜗牛》（1953年）这幅极具表现力、画面明亮的作品上。同时，马蒂斯在威尼斯创作了《罗塞尔教堂》（1948—1951年），这幅作品在窗户上使用了彩色玻璃，生动而鲜艳地呈现出“耶稣受难”的画面。马蒂斯充分利用了这个终极机会，淋漓尽致地展现了他这一生对清晰度和光的思考。

《爵士》插图书第8块，印刷花样，1947年

JOAN MIRÓ 胡安·米罗

西班牙人
1893—1983

胡安·米罗（1893年出生于西班牙加泰罗尼亚的巴塞罗那）不仅在巴黎的超现实主义发展中扮演了重要角色，而且刻画了大量加泰罗尼亚丰富的文化和自然风光遗产。在西班牙内战期间（1936—1939年），他通过画作表达对共和国势力的忠心。然而，与同时代的艺术家们不同，他在佛朗哥将军统治时期却回到西班牙，并在马略卡和加泰罗尼亚的工作室中创作出最为出众的抽象作品。

1907年，米罗就读于巴塞罗那艺术及手工业学校。虽然他受到法国野兽派和立体主义艺术风格的影响，但他的早期作品还是带有强烈的加泰罗尼亚风格，这点可见于作品《农场》（1921—1922年）。即便他于1920年迁居巴黎，也并没有忘记他的故乡，因为这幅活泼而绚丽的画正是以他在塔拉戈纳附近的家庭地产为蓝本而创作的。很快，他又创作了《猎人（加泰罗尼亚风光）》（1924年）这类作品，当中充满了米罗自由发挥的自然描绘和图像象征，其中一些作品的细节尤为突出。

虽然米罗从来没有加入非现实主义运动，但他以自由式作画创造了梦境般的非理性画作，反而吸引了超现实主义画家的注意。其中有些作品他也用他们所提倡的自然的、“无意识的”技法进行艺术实验。在《世界的诞辰》（1925

去哪里欣赏米罗的作品？

- 巴黎，蓬皮杜中心
- 巴塞罗那，皮拉/胡安·米罗的马略卡岛基金会
- 帕尔马，皮拉/胡安·米罗的马略卡岛基金会
- 纽约，现代艺术博物馆
- 华盛顿，国家艺术馆
- 纽约，所罗门·R. 古根海姆博物馆

你知道吗？

米罗在一场拳击赛场上遇到了欧内斯特·海明威，并把自己的《农场》卖给了他。海明威声称他和朋友艾文·希普曼掷骰子，最终赢得了购买权。那幅画被卖了五千法郎。

年）这样的画作中，尽管有前期的研习和安排，我们还是可以从意义含糊的形状和颜料的污渍中，看出作者创作时进行过自由联想。在其他的作品中，画中的文字赋予了画作诗歌般的性质，而两者之间的关系还保留着弹性。

20世纪30年代，米罗的作品带着强烈的实验性质，包括拼贴艺术、抽象雕塑及狂野暴力的画作。在西班牙内战时期（1936—1939年），他将自己的艺术作为政治发声筒。1937年，他和毕加索一同参加了“巴黎当代技术艺术国际展”。毕加索的《格尔尼卡》（1937年）在展览中成为关注当时政局的焦点，而米罗的《收割者》（1937年）却在展览中遗失。

《猎人（加泰罗尼亚风光）》，帆布油画，1924年

第二次世界大战期间，米罗在比较安全的马略卡休养生息，幸运的是，他没有受到佛朗哥政府的骚扰。在这段时期，他继续发展好几年前就开始创作的超现实主义艺术词汇，而这些发展能在1939—1941年创作的系列作品《星座》中看出来。这些通过黑色线条集束和彩色形状表达抒情的奇异意象，出现在这个时期的其他平面艺术和陶瓷作品之中。

米罗这种躁动的艺术实验一直持续到晚年。当他热情四射地使用不同的天然材料和日常材料进行雕塑创作时，作品格调却趋显暗色调。不过，里程碑式画作《蓝色II》（1961年）一反常态地在画作中使用了令人愉悦的大色块。

AMEDEO MODIGLIANI 阿梅代奥·莫迪利亚尼

意大利人
1884—1920

阿梅代奥·莫迪利亚尼（1884年出生于意大利的里窝那）是一名优雅的画家和雕塑家。他创造了拉长的线条型人物像和完全不同的头部作品。三十五岁的他克服了肺结核引起的脑膜炎之后，却成为放荡不羁的典范——这个富有天赋的人，却挥霍成瘾，与毒品和酒精为伍。

莫迪利亚尼出生于港口城市里窝那的一个衰败的犹太家庭。他在佛罗伦萨和威尼斯接受艺术训练，并在那里接触到双年会上展出的法国艺术作品，从而驱使他1906年迁居至巴黎。他在蒙马特区居住了一段时间，和那里的其他移民画家产生了友谊，包括吉诺·塞维里尼和巴勃罗·毕加索。1909年，他又迁往蒙帕纳斯。他到达法国之后，就观看了保罗·塞尚去世后的展览，并受其人像画作的影响。然而，在受到康斯坦丁·布朗库西的鼓励之后，他开始集中精力创作雕塑作品，作品的风格不仅可以追溯到布朗库西身上，还可以追溯到埃及、非洲部落以及大洋洲雕刻品。

《头部》（约1911—1912年）诠释了莫迪利亚尼的新技艺，作品的轮廓让人想到创作雕塑的材料，非现实的脸部刻画也显得非常对称。虽然细长的鼻子和弯弯的眉毛显得抽象，但是噘起的嘴唇给整个作品一种奇怪的生命力。

第一次世界大战爆发后，疾病和材料短缺使莫迪利亚尼无法继续雕塑创

去哪里欣赏莫迪利亚尼的作品？

- 伦敦，科陶德艺术学院
- 洛杉矶郡艺术博物馆
- 纽约，大都会艺术博物馆
- 华盛顿，国家艺术馆
- 纽约，所罗门·R.古根海姆博物馆

你知道吗？

在1982年，有四个雕塑（传说是莫迪利亚尼1909年丢弃的作品）从Fosso Reale运河中被打捞出来，还被吹捧为失落的大师之作。但是，这些雕塑作品只是由普通工具制作的赝品。这个骗局引发了一场广告运动，这个运动的中心口号是“有了百德，你也能成为天才”。（译者注：因为制作赝品的人使用了百德牌电钻，使赝品看起来更加有沧桑感。）

作。因此，他的余生都致力于绘画。1914年，他短暂地尝试了新印象画派之后，后期的绘画作品大多描写裸女，画中布满起伏有致的线条以及扁平优雅的身体。1901年，他看过西蒙尼・马蒂尼和杜乔的嵌板作品，虽然他们两个的作品和莫迪利亚尼的作品内容迥然不同，他依然用一些画作向他们致敬。他作品的另一个推测来源是文艺复兴时代的神话故事和当代的色情材料。

莫迪利亚尼最受欢迎的主题是或斜靠或坐立的裸体人物，但是他同时也画了许多令人印象深刻的人像，包括他的爱人珍妮・海布特。这些画作充满精美色调和优雅手势，给人一种放松和明亮的感觉。但是，莫迪利亚尼死于滥用毒品和酗酒，他死后几天，珍妮也自杀了。

《女人的头部》，石灰岩，1910—1911年

《穿黄色毛衣的珍妮·海布特》，帆布油画，1918—1919年

PIET MONDRIAN 皮特·蒙德里安

荷兰人
1872—1944

1872年，皮特·蒙德里安出生于荷兰阿默斯福特。抽象主义经过他的双手，不仅变成一种绘画风格，更成为一种哲学和生活方式。他最著名的几何画风，即众所周知的“新造型主义”，与1917年至1925年的荷兰风格派运动紧密相连。那场发生于1920年的运动引发了一场在作品当中是否应该使用对角线的大争论。蒙德里安接着离开这场争论，转而发展自己风格的新造型主义。接着第二次世界大战爆发，他背井离乡，移居美国，继续他的事业，直到去世。

1906年前，蒙德里安将自己的名字写作“Mondriaan”。1892—1894年以及1895—1897年这两段时期，蒙德里安均在阿姆斯特丹的皇家视觉艺术学院学油画。他的早期画作主要反映家乡荷兰的风光，囊括了象征派、印象派和新印象派等多种风格。接着他发展了带有个人色彩的立体主义作品，例如《灰色的树》（1911年）和《繁华锦簇的苹果树》（1912年）。

通神学是一种神秘主义运动，该运动认为在现实世界之外还有人类所无法感知的精神世界。蒙德里安受到该运动影响，减少了隐喻性写实作品的数量，更多地创作抽象作品。1912年移居巴黎之前，他的立体派画作开始变得高度抽象，其线条图案往往不在帆布边缘和中心之间构成常规特征。不久，蒙德里安开始把自己的画作称为“合成物”，以强调它们这种非具象的形状特点。

去哪里欣赏蒙德里安的作品？

- 海牙市立博物馆
- 奥特洛，克勒勒-米勒博物馆
- 纽约，现代艺术博物馆
- 阿姆斯特丹市立博物馆
- 温特斯韦克，蒙德里安别墅

你知道吗？

蒙德里安的影响远远超出绘画界，他对整个世界的时尚界和艺术界都带来冲击。1965年，伊夫·圣·洛朗展示了他的“蒙德里安服装”，从此变成一种时尚经典（还被抄袭了无数次）。赫里特·里特费尔德的“红蓝椅子”（1918年）的灵感便是源于蒙德里安的“合成物”。

《红蓝黄组合》，帆布油画，1930年

他在荷兰度过第一次世界大战的时候，开始严格地画起抽象画。他画没有任何颜色的格子，也画没有格子的色块。他还在凡・杜斯堡的《风格》杂志里刊登了重要的理论文章。1919年，他又回到巴黎，并在那里一直生活到1938年。

回到巴黎之后，蒙德里安便形成了自己的商标式风格，即所谓的“新造型主义”。这种风格主要以黑色线条围住灰色、白色和其他基础颜色的色块。在这些富有动感的不对称作品中，他以显著的紧绷感和井井有条的安排探索了帆布不同区域之间的关系。然而，凡・杜斯堡坚持风格派要使用对角线，这一主张在1925年时迫使蒙德里安退出了风格派。事后，作为一种报复，他专门画了一批钻石状的作品，当中强调由画框围住的平行线和垂直线。由此，他也开始接触其他抽象团体，特别是“圆与方”（Cercle et Carré）小组，以及1931年“圆与方”小组的继任者“抽象与创作”。

《百老汇布吉乌吉》，帆布油画，1942—1943年

通过幸存的蒙德里安私人工作室的照片可见，他致力于将抽象艺术的原则转变为内在本质的设计。尽管他的大部分计划未能实现，但他对20世纪30年代的现代主义建筑影响深远。也是在这段时期里，他系统化地进行绘画实验，创作出越来越多复杂而生动的作品。

随着第二次世界大战临近，孟德里安离开了巴黎，辗转前往英格兰，并在那里居住了两年，并且和抽象画家本·尼科尔森成为好朋友。最后，他于1940年移居纽约。纽约现代大都市的生活全面地影响了他的晚期作品，其中最有代表性的是《百老汇布吉乌吉》（1942—1943年），该作品表现了城市生活的快节奏律动。

HENRY MOORE 亨利·摩尔

英国人
1898—1986

1898年，亨利·摩尔出生于英国约克郡卡斯尔福德，是20世纪公认的最了不起的英国雕塑家。他汲取自然界各方面的灵感，通过雕塑来集中表现人体，偶尔也呈现出彻底抽象化的趋势。他的作品意象很宽泛，从基督主题到伦敦布里兹的生活场景。不过，他最引人注目的作品是倾斜的女人的石头人像，这些石头人像的空间部分，既包括作品整体的部分，又包括其四周的组成。

摩尔出生在约克郡一个矿工家庭。受他父亲的鼓励，他毕业后当了一名老师。1919年，他开始在利兹艺术学院学习，两年后，他拿着奖学金进入伦敦皇家艺术学院。尽管他的作品风格多样，但摩尔依然忠于自己的早期风格，该风格部分受到前哥伦布时期艺术派的照片影响。与主张运用辅助工具将小模具转变成大规模设计的路子不同，摩尔是“直接雕刻”运动的一分子。这种技艺使年轻的摩尔得以创作笨重的方块状雕塑，这些雕塑令人联想到前哥伦布时期的中美洲的倾斜雕塑（叫作“木炭”），他对那个地方万分着迷。

摩尔也极大地受到当代欧洲艺术家的作品的影响，例如巴勃罗·毕加索、让·阿普（又名汉斯·阿普）和阿尔贝托·贾科梅蒂等。20世纪30年代期间，他参与了英国一个致力于推动非具象艺术的团体“第一单元”，从此，他对超现实主义产生强大兴趣，并朝着暗示性的有机抽象物方向进行创作，例如《两

去哪里欣赏摩尔的作品？

- 马奇哈德姆，佩里格林，亨利·摩尔基金会
- 多伦多，安大略美术馆，亨利·摩尔雕塑中心
- 韦克菲尔德，赫普沃斯美术馆
- 利兹美术馆
- 伦敦，泰特英国美术馆
- 韦克菲尔德，约克郡雕塑公园

你知道吗？

摩尔的母亲患有严重的风湿病，他小时候经常帮她按摩背部。他感受到柔软的背部和硬硬的骨头之间有许多不同，这一经验体现在他作品当中的形态对比上，同时也鼓舞了他专注于女性身体的母性一面。

种形式》（1934年）这件作品所呈现的。然而，第一次世界大战期间，受伦敦生活体验的极大影响，他在那里创作了一批引人共鸣的画作，这些画作内容涉及在布里兹地铁站里睡觉的人物形象。

第二次世界大战期间，他为北安普敦的圣马太教堂创作了令人难忘的《圣母马利亚和孩子》（1943—1944年），随后又创作了一些母亲主题的非宗教雕塑。抛开这些相当传统的作品暂且不谈，50年代的摩尔总是以鹅卵石或骨骼的外形为基础，创作出越来越奇特的图像。他把倾斜的人体简化成充满表现力的外形，并且围住大量的空白空间，因而也往往作为室外装置。60年代时，摩尔受纽约林肯中心的委托，以巨型规模创作了青铜雕塑《倾斜人像》（1963—1965年）。这件作品的人物形状恢宏壮阔，形成一道岩石景观。

到了晚年，摩尔不仅在国际展览中获得好评，还对公共事业做出贡献，并因此而声名大振。1977年，亨利·摩尔基金会在戴恩树屋正式成立，这个地方是他在第二次世界大战时期从伦敦搬到赫特福德郡的住所。该基金会除了拓展摩尔作品的影响力之外，也旨在从总体上促进雕塑艺术的发展。

《倾斜的母亲与孩子》，青铜，1975—1976年

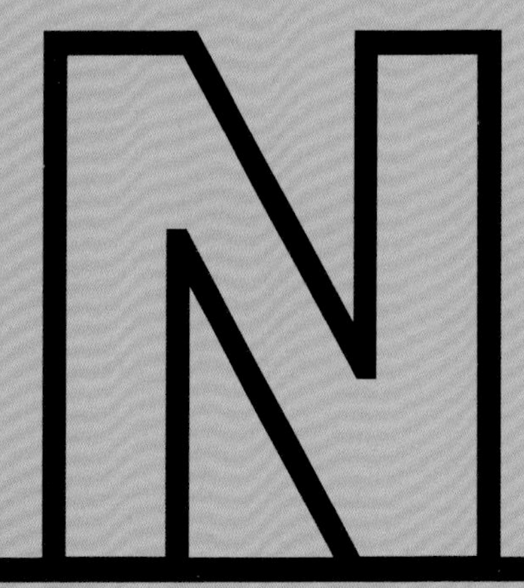

尼科尔森

诺兰

BEN NICHOLSON 本·尼科尔森

英国人
1894—1982

1894年出生于英国德纳姆的本·尼科尔森是英国现代主义画家的灵魂人物，其作品从抽象立体浮雕过渡到精致的立体派作品。

作为艺术家威廉·尼科尔森和梅布尔·普莱德的儿子，尼科尔森十六岁的时候便在伦敦斯莱德美术学院参加过简短的培训，不过他后来承认，当时他大部分时间都在玩桌球。他以生病为由从兵役中退出之后，于1920年与画家威妮弗蕾德·罗伯茨结婚，并与她定期周游欧洲。巴黎之旅令他接触到巴勃罗·毕加索及其他现代主义画家的作品。1924年，他创作了自己的第一幅抽象画，同时也成为先锋派团体“七五社团”的成员。

20世纪20年代末，尼科尔森大部分时间都在圣路易斯。他在那里的部分作品使人联想到阿尔弗雷德·沃利斯那种天真稚嫩的风格，他和朋友克里斯多夫·伍德一起发展了这位渔夫画家的作品。30年代早期，随着他和威妮弗蕾德的婚姻恶化，他的创作风格变得趋近于雕塑家芭芭拉·赫普沃斯，后者当时也正坚定不移地朝着抽象主义风格迈进。他在巴黎拜访了蒙德里安，并参加了许多促进非具象艺术的团体，包括“抽象创作”和“第一单元”。

20世纪30年代，尼科尔森进入艺术生涯的多产阶段。*1932（Au Chat Botté）*（1932年）这幅绘法精湛的立体派静物画融合了书法和商店窗玻璃的反射景

去哪里欣赏尼科尔森的作品？

- 剑桥大学，茶壶院
- 曼彻斯特美术馆
- 爱丁堡，苏格兰国立美术馆
- 伦敦，泰特英国美术馆
- 康沃尔，泰特圣艾夫斯美术馆

你知道吗？

尼科尔森的抽象浮雕总是按照黄金分割率来创作，这一比例被广泛应用于古典雕塑和建筑，其他现代派艺术家如勒·柯布西耶也常常使用。尼科尔森大部分作品都以这种完美的比例和纯白的色调体现了他对远离常规现实世界的追求。

象，除此之外的其他作品则完全放弃了客观世界的描画。《1935（白色信仰）》（1935年）是一件单色调的雕塑作品，层层叠叠的平面投下微妙的影子，生气勃勃地体现了整件作品严格的几何学。

虽然他的作品在这一时期用色不多，但尼科尔森并不回避更加鲜亮的色调，有时候还反映在自然界的刻画上。1934年，尼科尔森和赫普沃斯结婚。第二次世界大战期间，两个人定居在康沃尔。他们特别钟爱圣路易斯，这个地方逐渐变成英国现代派和抽象派艺术的中心。在尼科尔森和赫普沃斯的带领下，圣路易斯学校出来的艺术家一时鼎盛，其中包括诺姆·加博、帕特里克·赫伦、伯纳德·利奇、皮得·兰扬等。

这段时期，越来越多比喻象征物开始重新出现在尼科尔森的作品里。例如《1943—1945年（圣路易斯，康沃尔）》（1943—1945年），画中的港口与英

《1956年8月（Val d'Orcia）》，木板上的油画、石膏及石墨，1956年

格兰风光相互融合，在当时尤为盛行（也十分畅销）。战后，他频繁地前往地中海旅行，更促进了这种形象比喻的风格变化。虽然尼科尔森使用源于自然风光的暖色调进行创作，然而始终贯穿于他艺术生涯的风格依然是抽象立体，例如他丰碑式的油画《1956年8月（Val d'Orcia）》（1956年）依然是高深莫测的立体静物画。

1957年，他与赫普沃斯离婚，娶了摄影师费里希塔丝·沃格勒，并一起搬到了瑞士。他的重心放在了版画和大型浮雕上，包括1964年为第三届卡塞尔文献展创作的一面墙绘。1971年，他回到英国度过晚年，此时期的大部分作品为版画。尽管身体的疾病限制了他对创作媒体的选择，但他的晚期画作依然展现了始终如一的生命力和线条的微妙特色。

SIDNEY NOLAN 西德尼·诺兰

澳大利亚人
1917—1992

西德尼·诺兰爵士（1917年出生于澳大利亚墨尔本）创作了许多令人难忘的画作。这些作品带着浓厚的澳大利亚本土气息，有时甚至夸张到极点。尽管这片土地上的风光远不止严酷的环境，然而这些以荒凉而简约的风格呈现出来的主题却为诺兰赢得了极大的国际声望。他当之无愧为澳大利亚有史以来最著名的艺术家。

诺兰出身在电车司机的家庭里，他一方面靠自己在公共图书馆自学，另一方面在普拉汉技术学院和墨尔本的维多利亚国家美术馆艺术学校学习，同时还做商业艺术工作者和招牌写手的工作。20世纪30年代期间，在他创作的高度抽象画中可见到现代主义对他的影响。从1938年开始，他便受到Sunday和约翰·里德的栽培和鼓励，后者的房子还成为澳大利亚先锋派艺术家和思想家聚会的中心地点。在这场先锋派运动中，诺兰成为领军人物，并成立了“当代艺术社团”。和他的前辈巴勃罗·毕加索一样，他也为俄国芭蕾舞设计场景和服装，只是地点不在巴黎，而是悉尼。

1942年的军事征兵把他的两年时光交付给了维多利亚。他使用速干商业瓷釉，以一种简约的风格再现了那片平坦而明亮的自然风光。不久，随着他在芦苇地的生活，他开始围绕19世纪一名澳大利亚逃犯的生活为基础，着手创作他最著名的系列画作。这部作品包含27幅画，把欧洲现代主义、澳大利亚民间传

去哪里欣赏诺兰的作品？

- 悉尼，新南威尔士美术馆
- 伦敦，英国博物馆
- 纽约，大都会艺术博物馆
- 堪培拉，澳大利亚国家美术馆
- 伦敦，泰特现代美术馆
- 伦敦，维多利亚与艾伯特博物馆

你知道吗？

诺兰的名画系列《内德·凯利》中有一幅画画着他骑马穿过灌木丛。业界认为这幅画实在太具有澳大利亚图标代表性了，因此被用于2000年悉尼奥运会开幕式。

《内德·凯利》，木板搪瓷，1946年

说以及构成诺兰作品的自然风光浓缩为一体。《内德·凯利》（1946年）勾勒了这位命定的枪手，他身披自制的盔甲，以天空为背景，头盔被简化成一个黑色的长方形。它刻画了澳大利亚传说中的英雄和冒险，是诺兰最著名的画作，而这样的画作还不止一幅。

《漂亮的鹦鹉矿场》（1948年）敲定了诺兰的名声和地位，这幅诙谐的画中有一名矿场主和他的鹦鹉，而鹦鹉却栖息在不和谐的荒凉灌木丛中。1949年，这幅画被新南威尔士美术馆收购。几年之后，泰特美术馆收购了他的《澳大利亚内陆》（1950年），这幅画以天空的视角描绘了红色岩石和火山口。这时期，艺术历史学家肯尼斯·克拉克给诺兰授予了澳大利亚“唯一一个真正的画家”的称号，并敦促他移居到英国。1953年，他真的去了英国。

移居后的那段时期，诺兰在欧洲和美国进行了广泛的游历。尽管古典神话、非洲动物和南极洲等均出现在他的画作和印刷物里，但他最主要的特征依然是作为澳大利亚艺术家而存在。到了50年代，内德·凯利再次出现在诺兰的画作里，同时，探险家布尔克和威尔斯也成为诺兰的乙烯画和油画里的新媒介。这些简朴的刮擦画为澳大利亚的原始神话提供了一个单一且非凡的视角。《布尔克》（1962年）呈现了一名坐在骆驼上的裸体骑手，他只有头顶高过地平线，仿佛正打算一头冲进沙漠里。

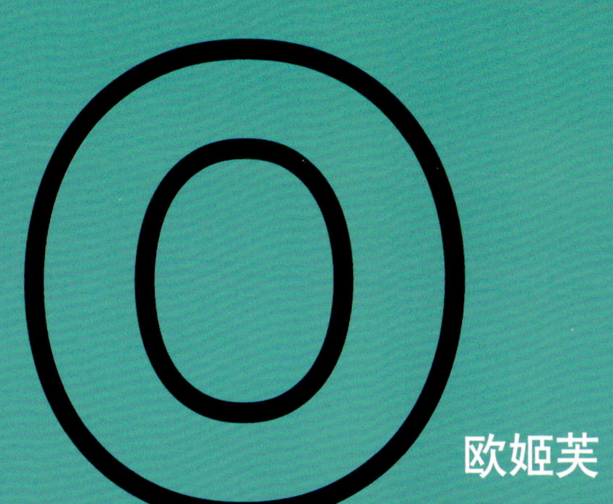

欧姬芙

GEORGIA O'KEEFFE 乔治亚·欧姬芙

美国人
1887—1986

1887年，乔治亚·欧姬芙出生在美国威斯康星州靠近森普雷里的一个小镇上。她的作品独树一帜，无法被定义或分类。虽然她的艺术创作某种程度上局限于抽象主义，但它们的基础是对物质世界的强烈体验，超越了大自然和美国林林总总的宗教形式。

欧姬芙受教于芝加哥和纽约。她的早期画作受到各种风格的影响，其中也包括欧洲新艺术，和她的大部分作品类似，这些早期画面总是保持着单调感。她将对“通感”的兴趣反射在帆布上，创作出类似《蓝色和绿色的音乐》（1919—1921年）这样的作品。她也根据植物和波浪的形态画了许多粉蜡笔画和油画。

1917年，她在得克萨斯州峡谷任教期间，去了一趟纽约，并在那里遇到了她未来的丈夫，先锋派摄影师兼商人阿尔弗雷德·斯蒂格利茨。斯蒂格利茨为欧姬芙拍的照片十分卓越，展现出精准和严格布局的创造力。20世纪20年代期间，他在纽约乔治湖畔的避暑别墅成为欧姬芙的乡村工作室，为她提供了灵感的来源。

欧姬芙在乔治湖畔的作品从间歇性的抽象派转变为描绘谷仓和她的工作室的自然风光画。1924年开始，她还用热情且极富美感的色彩，以近距离的视角把树叶和花朵纳入画中。例如，《两朵粉红色的马蹄莲》（1928年）这幅画，

去哪里欣赏欧姬芙的作品？

- 芝加哥美术馆
- 费城艺术博物馆，阿尔弗雷德·斯蒂格利茨藏品
- 得克萨斯州，圣菲，乔治亚·欧姬芙博物馆
- 华盛顿，史密森尼学会，美国国家艺术馆

你知道吗？

欧姬芙1914年加入全国妇女党，并一直持续了七十多年。她不知疲倦地为平权法案进行游说，还对埃莉诺·罗斯福说过，她“希望每个孩子都感觉到……只要是她们能去的，没有任何一个地方会因为性别而向她们关上门”。

尽管作者本人否认其色情成分，但画面分明充满挑逗的邀请。

在这段多产的时期里，欧姬芙的作品总围着抽象主义左右摇摆，常常出现曼哈顿的夜景和沙漠油画。到了20年代末，欧姬芙开始对新墨西哥州表现出极大的兴趣，并于1949年搬到了那里。她看到荒野上遍地散落发白的动物骨骼，深受震撼，并把这些骨头成桶成桶地运回纽约。它们变成了小说般的主题，时而是模糊的超现实主义，时而是静物画，有时被花朵修饰，有时则飘浮在沙漠上方。欧姬芙最初的兴趣点是头盖骨，到了40年代，又逐渐迷上了盆骨和牙槽骨。在她的画里，例如《红黄》（1945年），天空总是明媚地穿过那些空空如也的洞孔。

欧姬芙虽然害怕坐飞机，却创作了许多壮观的天空视角。这类画包括半抽象的炭笔画、河流图或云景图，例如壮阔的《云上的天空IV》（1965年）。晚年的欧姬芙虽然失明，却还在她的助手尚・汉密尔顿的帮助下继续创作。1982年，这名助手以旧金山现代美术馆展出的欧姬芙一件早期作品作为样板，创作出一件不朽的抽象雕塑。

欧姬芙与《骨盆》系列画作之《红黄》，帆布油画，1945年

毕加索
波洛克

PABLO PICASSO 巴勃罗·毕加索

西班牙人
1881—1973

1881年，巴勃罗·鲁伊斯·毕加索出生于西班牙马拉加，是20世纪最了不起的艺术家。他留下大量的作品，风格多样，既有诡异不安的，又有迷人可爱的；既有高深莫测的，又有多愁善感的。他以深沉的情感融合创造力与绘画技艺，不断尝试现代风格和古典风格，并将它们合并为稀奇古怪的混合体。《格尔尼卡》（1937年）是西方艺术中最有力的战争图画，即便他后期的画作不太受欢迎，但画中奇特的色调选择，对眼睛或鼻子的放大或错位，以及对其他人体形态的自由变化，还是勾出了观者的想象力。

毕加索青年时期即展露出绘画的天分。在他自称为“蓝调时期”（1901—1904年）的时候，他的画作尽管色彩单调，但对线条的娴熟敏感却令人钦佩。1904年，他升上了“玫瑰时期”——这段时期里，他的画作开始受欢迎，原因除了色彩更明亮，还因为画中主题主要是马戏团和即兴喜剧（一种意大利面具戏剧）。

随着毕加索对非洲雕塑、海洋雕塑和前古典主义伊比利亚半岛雕塑的探索，他的艺术生涯才算真正地开始发展。在《亚维农的少女》（1907年）这幅画中，他用不自然的扭曲含糊地表达反女性主义的主题，并提前使用了立体主义的绘画语言。毕加索和乔治·布拉克一起紧密合作了五年多，用各种交叉平

去哪里欣赏毕加索的作品？

- 芝加哥美术馆
- 巴黎，蓬皮杜中心
- 巴黎，毕加索博物馆
- 马德里，索菲娅王后国家艺术中心博物馆
- 纽约，现代艺术博物馆
- 马拉加，毕加索博物馆
- 巴塞罗那，毕加索博物馆
- 伦敦，泰特现代美术馆

你知道吗？

1944年10月，毕加索加入了法国共产党。他称之为“这不仅是我这一生合情合理的归宿，也是我所有作品的最终导向”。四年后，他甚至参加了在波兰举行的知识分子和平会议，不过从这场会议的照片来看，他在现场相当无聊。

面创作了许多立体派作品，部分作品的边缘甚至尖到让你觉得可以碰到它们。帆布犹如救济品，而画面中的物体和它周围的空间往往并无明显区别。

这种“分析式立体主义”的绘画变得极度抽象和单色调，最后，毕加索和布拉克才终于用颜色平面结构、物体的轮廓线条，甚至在顶端加入点彩派的圆点，为这类画注入生命活力。这种被称为“综合立体派”的风格之所以出现，其灵感动力来源于1912年布拉克使用糨糊纸做的拼贴画。无独有偶，同年，毕加索早就在帆布上粘了一片油布进行绘画。

第一次世界大战期间，毕加索的许多法国同伴都应征参军了。这段被孤立的时光里，他继续进行立体派的创作，沉浸在他的学术技术探索里，并完成了某些引人注目的肖像画。更值得注意的是他为后来的作品如《三个春天里的女人》（1921年）发明了怪异扭曲的古典风。

第一次世界大战和第二次世界大战之间，毕加索同时运用立体派和古典派，创作了一批十分怪诞的作品，为他赢得超现实主义画派的青睐。他对此没

《格尔尼卡》，帆布油画，1937年

有多大反应，但他们的热忱随后便在他的《工作室与石膏头》（1925年）里那些错位的画面中得到了呼应。与此同时，他也以模棱两可的个人神话色彩创作了蚀刻版画《沃拉尔系列》（1930—1937年）。

1937年，毕加索为巴黎艺术世界博览会的西班牙馆创作了祭坛画规模的作品，从此敲定了他的立体派风格，或者说是立体派的一种版本。《格尔尼卡》这幅画描绘了西班牙内战（1936—1939年）期间，巴斯克小镇被纳粹德国空军空袭之后留下的废墟。虽然在这幅画里没有出现任何投弹，但是公牛和马匹这类角色强有力地象征着侵略者和受害者。

毕加索还根据自己最欣赏的古典大师的作品，创作了一些变形的版本。这类作品显然包括他根据迪亚哥·维拉斯奎兹的《宫娥图》（1957年）所创作的58幅画。晚年的毕加索居住在法国南部，他在这里能够观看斗牛比赛，就像回到了西班牙一样。尽管备受争议，他依然是一个备受瞩目的英雄。直到去世之前，他都在持续地制作陶艺和雕塑，并创作了大量特点鲜明的画作。

JACKSON POLLOCK 杰克逊·波洛克

美国人
1912—1956

杰克逊·波洛克的“行动派画风”是抽象表现主义的一种令人振奋的形式。在这种画风里，帆布被平摊在地板上，任由油画刷、滴油管和泥刀肆意涂抹，其中当然少不了艺术家的双手。波洛克这种“到处都是”的画作并不是聚焦中心的作品，而是对身体动态过程的记录。但这并不意味着波洛克完全不考虑色彩的运用或有序的安排：他的绘画方式尽管狂烈，却绝非肆意妄为。

1912年，杰克逊·波洛克出生于美国怀俄明州的科迪镇。童年时期的他经常随家人来往于加利福尼亚。1930年，他定居纽约，在壁画家托马斯·哈特·本顿主导的艺术学生联盟里学习，随后还参与了联邦艺术计划，这个计划由政府主导，旨在经济大萧条时期为艺术家们提供就业机会。

1938年，波洛克因酗酒而进行精神治疗，此时他的艺术创作出现了第一次彻底大改变。他的画作被用于精神分析的一部分，这时他对荣格理论产生了兴趣，便开始捕捉自己的潜意识作为象征符号，并逐渐转换为画作。这个过程中出现了《鸟》（约1938—1941年）和《男女》（约1942年）这类具有超现实主义的画作，画里还混合了各种立体主义及其他现代主义的特征。

波洛克与抽象派艺术家李·克拉丝纳结婚之后，便出现了第二次重大转变。1945年，这对夫妇搬到了东汉普顿。在这片乡下地区，波洛克把紧靠小溪

去哪里欣赏波洛克的作品？

- 杜塞尔多夫，北莱茵-威斯特法伦艺术品收藏馆
- 达拉斯艺术博物馆
- 纽约，现代艺术博物馆
- 华盛顿，国家艺术馆
- 费城艺术博物馆
- 纽约，所罗门·R. 古根海姆博物馆

你知道吗？
波洛克特别崇拜美国印第安沙画，也因此他才把自己的作品放到地板上去画。评论家哈罗德·罗森伯格特别欣赏这种作画过程的仪式感。1915年，这位评论家为波洛克的一幅作品写下这样的评语：“在帆布上的不是一幅画，而是一个事件。”

Enamel
Paint

的旧谷仓改造成自己的工作室，水雾弥漫的光线、芦苇草床及大自然的韵律给予他作画的灵感。1947年到1952年期间，波洛克创作了一系列壁画规模的抽象作品，并用数字加以区分，例如《1号作品，1950（淡紫色的雾）》（这个颇为有用的副标题是由他的拥护者，即批评家克莱门特·格林伯格给添上的）。在这些画里，再也没出现他早期作品中那种寓意十足的元素，取而代之的是鞭子般的线条和泼溅的颜料，他从各种角度、以各种方式把房屋油漆弄到帆布上，有时是滴，有时是泼，甚至是扔。

尽管这些画一开始并不受重视，但波洛克的创新却改变了美国的绘画圈。他成为抽象表现主义运动的领军人物，这场运动把当代艺术世界的焦点从欧洲挪到了美国。1949年，*LIFE*杂志放了一张波洛克在活动里的照片，标题问道："他是美国尚存的最伟大的画家吗？"

随着这个时期走向终点，波洛克的精神状态和身体情况每况愈下。他越来越频繁地使用黑色颜料和比喻，荣格的象征符号和原型也重新出现，其作品就这样变得越来越阴郁。这个过程从《肖像和一个梦》（1953年）这幅画里可以看到。画中的月亮女人显然是他的妻子，而他自己的肖像画则与之形成强烈对比。1956年，他在纽约东汉普顿因酒驾出车祸而身亡。

《1号作品，1950（淡紫色的雾）》，帆布、油画颜料、搪瓷及铝，1950年

奎安

MARC QUINN 马克·奎安

英国人
1964—

1964年，马克·奎安出生于英国伦敦。20世纪90年代时，他冒尖成为英国青年艺术家（YBAs）中咄咄逼人的一员。这是一个非正式的艺术家团体（大部分人都毕业于金斯密斯艺术学院），其中包括达米恩·赫斯特、翠西·艾敏、莎拉·卢卡斯和马克·渥林格。他的作品之所以引人注目，原因在于它们是由非常规的材料经非常规的过程制作的。半人像《自己》（1991年）是最典型的杰作，它用了艺术家自己八品脱冷冻血制作而成。其后每隔五年，奎安便会做一个新的版本，以此标记身体状况随着年龄的推进而不可避免地老化。

奎安1986年从剑桥大学毕业之前，便已作为雕塑家巴里·弗拉纳根的助手而学会青铜雕塑。尽管他对这种传统材料的使用了然于心，但他的名声大部分得自于他所使用的更为创新的技艺。《自己》并非奎恩唯一一件使用冷冻有机材料的作品。在展示于米兰普拉达基金会的《花园》（2000年）这件作品里，他改造了大自然，展示了一批在正常情况下不可能生长在一起的植物。这些植物被封在硅胶里，并置于超低温进行冷冻，从而得以保存。正如奎安通过《自己》而得到不朽一样，通过这种方式，只要插上电，它们便获得永生。《约翰·爱德华·萨尔斯顿的肖像》（2001年）这件作品展现了另一种生物学保存法。奎安用琼脂中培养出来的细菌群落展示了这位获得诺贝尔奖的科学家萨尔

去哪里欣赏奎安的作品？

- 伦敦，国家肖像馆
- 伦敦，泰特现代美术馆
- 纽约，现代艺术博物馆
- 巴黎，蓬皮杜中心

你知道吗？

奎安最著名的作品被广受欢迎的英国喜剧《荒唐阿姨》所引用。剧情中，主角埃迪娜·曼苏决定成为一名现代艺术收藏家的时候，说："我要那些带血的头颅，你知道，就是那些充满血液的冰冻血头颅。只要是萨奇类型的，我都要。"

斯顿（他对人类基因排序做出了巨大贡献）的DNA样本。

奎安带着名人的崇敬，还为模特凯特·摩斯创作了一具卓越非凡的雕像，尽管它最终呈现出来的神秘感略逊于对萨尔斯顿的作品。这件名为《塞任》（2008年）的作品由纯金制作而成，并在伦敦的英国博物馆里与古典雕塑作品并肩展出。跟奎安同时代的YBA成员达米恩·赫斯特则用白金和钻石制作了骷髅，外界难免会拿《塞任》与之进行比较。

抛开他与YBA的关系，尽管他用血液和粪便做雕塑，但奎安绝不仅仅是一名感觉论者。奎安探索我们自身存在的无常，以及人类控制自然规律的企图，由此他总在尝试打破科学和艺术的壁垒，并且坚持用视觉上的冲击来强调人类形体和它的生物学。他挑战了美的标准，最突出的作品便是立在特拉法加广场第四个基座上的《怀孕的艾莉森·拉帕》（2005年），他通过这件作品，赞颂了艺术家艾莉森·拉帕本人及她的身体。

《怀孕的艾莉森·拉帕》，大理石，2005年

罗德琴科
罗斯科

ALEKSANDR RODCHENKO 亚历山大·罗德琴科

俄国人
1891—1956

1891年，亚历山大·罗德琴科出生于俄国圣彼得堡。他为俄国构成派的发展做出了巨大贡献。他引人注目地摒弃了依靠画框为媒介的作画，转而进行海报设计和摄影这类被认为个人色彩较淡而社会价值较高的创作。他名副其实地扮演着一位作为社会变革舵手的艺术家的角色。

罗德琴科在俄国的喀山长大，他在这里登上设计生涯的第一个阶段，并遇到了他的终身伴侣兼合作者瓦尔瓦拉·斯捷潘诺娃。1914年起，他来到莫斯科学习，并深受弗拉基米尔·塔特林和卡西米尔·马列维奇的影响，后者是抽象几何风格，即至上主义的倡导者。不过，他也反对马列维奇和其他艺术家所关注的神秘元素，认为“一种有建设性的、井井有条的生活优于魔术师的那种神秘艺术”。

罗德琴科自己的绘画也包含几何主义，有时候是一些带有神秘名称的单色调平面，如《非写实油画作品66/86：密度与重量》（1919年）。为了摒除所有个人表达的元素，他使用指南针和尺子来完成这些作品。罗德琴科将这种精确的绘画方法称为“线性主义”，并把这个重点与自己对社会的关注结合在一起，形成了“构成主义”。

俄国革命之后，罗德琴科挑起富有影响力的角色，开始从事教师和文化

去哪里欣赏罗德琴科的作品？

- 圣彼得堡，俄罗斯国家博物馆
- 纽约，现代艺术博物馆
- 莫斯科，私人收藏博物馆之普希金博物馆
- 塞萨洛尼基，国家当代美术馆，乔治·科斯塔基斯收藏

你知道吗？

罗德琴科的父亲有很多专业技能，甚至在宫廷舞会上扮演“粉饰与紧身衣”的活人雕塑。罗德琴科对此说过：“这个工作的确赚钱，但特别令人厌弃。那些女士总是掀开他们的身体百般嘲弄，他们不得不用盾牌把自己遮住。”

官员的工作。与神秘艺术实验的观点不同，他强调结构的重要性。1917年，他为莫斯科的Kafe Pittoresk设计了几何式反射的灯光装置。1921年，他成立了“构成主义工作团队”（在墨西哥艺术文化学会Inkhuk名下），与史蒂潘诺娃、康斯坦丁·米顿内斯基、乔治·斯坦伯格及弗拉基米尔·斯坦伯格等人进行合作。

同年，罗德琴科与俄国的先锋艺术家一起做完“5×5=25”的展览之后，便不再用画架作画，称之为“有如教堂建筑般毫无必要，对世界上任何东西都没好处”。在这段时期内，他创作了一批卵圆形的胶合板建筑，并逐渐替换为更加实用的东西，例如家具、衣服（包括工人的工作服，即“prozodezhda”）和织物设计。罗德琴科对这些日用品的关注，原因在于他想改变人们对这些物品的看法，希望能给这个领域的设计革新铺平道路。

罗德琴科经常和诗人弗拉基米尔·马雅可夫斯基合作，为后者的书设计封面和蒙太奇照片插图。《关于这个》（1923年）展示了罗德琴科的蒙太奇照相新技术：他巧妙地并列了原照和表达马雅可夫斯基的叙事内容的鲜亮的美国广告图像。这两个人还一起为报刊创作海报、指示牌、包装纸和广告，尽管大部分是国家机构出于社会变革的考虑而委托他们做的，他们俩还是发展出自己独特的宣传方式，信奉技术发展，并改善无产阶级的工作环境。

罗德琴科的设计总是大胆前卫，呈现出几何派的特点，且往往不对称。到了20年代中期，摄影变成他创作中越来越重要的部分，而他的摄影作品也处处弥漫着上面提到的处理方法。他在1924年为他的母亲拍下著名的肖像照《阅读的母亲》，尽管这张照片带着公认的温柔感，但在罗德琴科的大部分摄影作品中，总是从醒目且非常规的角度，使运动员、机械或现代建筑以巨型的可怕面目出现。《楼梯》（1930年）这张照片中的女主角被半抽象化，而她周围楼梯的规律性则占据了整个框架。有些照片则展示了人类元素，例如从玩味十足的角度拍摄的《出租车司机》（1933年），照片里的间离效果导致罗德琴科被批评为迎合西方的形式主义。30年代期间，苏维埃当局推崇更为保守的现代主义形式，罗德琴科受到的国家压力越来越大，终于在1941年彻底放弃了摄影。

到了晚年，罗德琴科重新执笔画画，描绘各种马戏团场景，同时还发展出表现抽象主义的个人形式，例如《富有节奏感》（1943—1944年）。尽管这些晚年作品也具有十分有趣的视觉效果，但从中不难看出，这只是他从过去一马当先的构成派宏伟的社会目标中撤退下来，聊以自慰的表达而已。

ЛУЧШИХ СОСОК

не было и нет

РЕЗИНО
ТРЕСТ
СССР

ГОТОВ СОСАТЬ ДО СТАРЫХ ЛЕТ

ПРОДАЮТСЯ везде

резинотрест

《橡胶傀儡广告海报》，平版印刷，1923年

MARK ROTHKO 马克·罗斯科

美国人
1903—1970

马克·罗斯科（1903年出生于俄罗斯帝国的德文斯克，即现在拉脱维亚的陶格夫匹尔斯），他在抽象表现主义的特殊变体，即所谓的“色块绘画”中扮演了重要角色。他的重要画作被大幅色块所占据，它们似乎边界不清地悬浮在背景之上，给人强烈的视觉冲击。此外，这些画作还带有极端的，甚至悲剧的特质。他还受到委托为宗教和世俗场景作画。

罗斯科在孩童时代随着他的家庭移民至俄勒冈州波特兰市。1921年，他拿着奖学金就读于耶鲁大学，但是没等拿到学历就离开了学校。在纽约，他在艺术学生联盟短暂地学习过一段时间，并开始创作水粉画、插画及表现主义为主的阴森昏暗的油画作品。1935年，他和其他人一同建立了一个名叫“第十”的组织，并作为这个组织的成员做画展，这个过程一直持续到1940年。总体来说，他这个时期的生活充满了艰辛磨难。

20世纪40年代，和其他偏好抽象表现主义的艺术家一样，罗斯科受到了欧洲超现实主义和卡尔·古斯塔夫·荣格的思想影响。他以虚构的人类、动物和植物混合体表达荣格的集体潜意识思想。渐渐地，这些混合体形象蜕变成类生物的高度抽象形态。这种形态可以在画风明亮的作品《地平线的风景》（1946年）中看出来。

去哪里欣赏罗斯科的作品？

- 得克萨斯州，休斯敦，梅尼尔收藏博物馆
- 纽约，大都会艺术博物馆
- 华盛顿，国家艺术馆
- 纽约，现代艺术博物馆
- 得克萨斯州，休斯敦，罗斯科礼拜堂
- 伦敦，泰特现代美术馆

你知道吗？

虽然罗斯科在没有完成学业的情况下离开了耶鲁大学，但耶鲁还是在几十年后，也就是1969年授予他荣誉美术博士学位，以表彰他对现代艺术发展做出的贡献。

《3号/13号》，帆布油画，1949年

到了20世纪40年代晚期，他画风一转，进入纯粹的抽象作品创作，例如《3号/13号》（1949年），多亏画中色块模糊的边界和对比强烈的前后感色调，使得整幅画看起来仿佛在有节奏地跳动。他希望通过集体展览的方式来强调这些画作的特质，1958年，他正好受到一个与其想法相符的委托，请他为纽约的西格拉姆大厦作画。但是，他最终却选择了退出，并将已经完成的油画作品，例如《栗色上的黑》，赠予伦敦的泰特美术馆。

20世纪60年代期间，他受其他委托而创作的作品更加成功，其中包括1962年为哈佛大学霍利奥克中心创作的壁画，以及不久之后由慈善家约翰和多米尼克·德·梅尔尼赞助，为休斯敦一间教堂所创作的昏暗画作系列（1965—1966年）。在这些作品中，暗色调无一例外地说明了罗斯科对人类现状的悲观观点，特别是他的晚期作品中，受白框制约的黑色画作更加凸显了他这一态度。罗斯科的精神以及身体状态十分脆弱，1970年，他选择了自杀。尽管他曾经矢口否认自杀是他表达自己心理状态的方式，但这种结束方式却反而有力地说明了这一点。

施威特斯
斯宾塞

KURT SCHWITTERS 库尔特·施威特斯

德国人
1887—1948

德国艺术家库尔特·施威特斯（1887年出生于德国汉诺威）创作了大量的作品，其中包括小型拼贴画和用日常材料与残渣制作的复杂内景作品。虽然他的作品主题都指向打破艺术和日常生活的边界，但是与第一次世界大战之后其他达达运动的作品不一样，他的作品带有强烈的美学特质。

1914年之前，施威特斯在德累斯顿市的艺术学院度过了他的学生时代。服完兵役之后，他从类印象派转变为更加激进的表现派，并最终加入柏林的达达运动。他不仅创作拼贴画，也创作激情的新词汇构成。1919年，他将原本出现在他拼贴画作品中的打印文字“Kommerz”，剪切修改成为术语“Merz”，并使用在其他的作品中。事实上，他传播信息的方式超越了纸张和卡片的载体。

就像施威特斯所宣布的那样，“一个手推童车的轮子、金属丝网、一条绳子以及棉花球在一张画作内的重要性是相等的”。在他手中，这些材料组合出了美丽，甚至耐人寻味的作品。他还为此获得了“达达革命里的‘卡斯帕·大卫·弗里德里希’”这一绰号。和德国浪漫主义画家的类比实际上并非褒奖，施威特斯本人无法被简单地划归于一个单一的艺术运动范畴。

尽管有这些类比和绰号，但施威特斯还是朝着更加理性的表达方式前进，

去哪里欣赏施威特斯的作品？

- 巴黎，蓬皮杜中心
- 泰恩河畔纽卡斯尔，哈顿美术馆
- 洛杉矶郡艺术博物馆
- 纽约，现代艺术博物馆
- 汉诺威，史普格尔博物馆
- 伦敦，泰特现代美术馆

你知道吗？

虽然施威特斯在英国寻求避难，但他还是难以忍受英格兰人内敛的说话方式。他曾说：“在英国，人们说话都特别小声，特别是中产阶级。如果你大声说话，你就是个‘俗人’而不是一个绅士……这种典型的英格兰人态度导致英格兰人不会为自己的想法辩解，因为辩解需要人们大声说话。”

verything had bro
wn and new thing
made out of the
agments; and this
was like a revoluti
thin me, not as it v
it should have bee
MERZ

《Merzbild 1A，精神病医生》，帆布拼贴油画，1919年

包括受俄国艺术家拥护的建构主义以及西方的风格派运动。虽然直线构图经常出现在他设计的广告和拼贴画里，例如《Mz 252. 颜色广场》（1921年），但他在自己的杂志*Merz*（1923—1932年）中却推崇更加理性的艺术表达方式。

施威特斯虽然很注重形式，但1923年在他汉诺威的家中创作的《莫斯堡》却带有更加狂野的特质。木质和石膏人工洞穴创造出一系列令人混乱的空间，空间中堆砌着随处可见的物品及其他有机材料（包括头发和施威特斯自己的尿液）。这些珍贵的资源被摆放在特殊的空间里，从未完成它们追求美和超脱感的转变。

随着纳粹党上台，施威特斯被定义为“堕落”的画家，1937年，他留下尚未完工的《莫斯堡》离开了德国。该作品最终毁于盟军的空袭。一开始，施威特斯逃亡挪威，三年后他又跑去英国。因被怀疑是敌人的间谍，他一度被拘留在马恩岛。后来，他在伦敦和坎布里亚生活，在那里创作了墨守成规的肖像，并继续他的达达活动。在他的晚期剪贴画《早晨》（1947年）中，他以一种转瞬即逝的幽默意境为波普艺术的到来铺平了道路。

《早晨》，拼贴画，1947年

STANLEY SPENCER 斯坦利·斯宾塞

英国人
1891—1959

在斯坦利·斯宾塞（1891年出生于英国伯克郡库克姆）充满幻想的画作里，英国生活的情景被赋予了强烈的宗教色彩。一条普普通通的乡村街道在他的笔下变成了耶路撒冷，而每一天的生活，甚至包括性爱，都变得神圣庄严。

库克姆是斯宾塞许多画作的背景，他把这里视为某种程度上的天堂。1908年，他在伦敦斯莱德美术学院开始为期四年的学习，从中练就了精湛的制图术，这一点成为他所有作品的基础。斯宾塞服完兵役后，最终在1918年成为官方指派的战地艺术家。他根据自己在马其顿68号战地救护车里的经历，完成了《1916年9月，抬着伤员的担架到达马其顿斯莫尔急救站》（1919年）。

斯宾塞还创作了一些以日常活动为主题的变形作品，例如生动的《库克姆的数天鹅活动》（1915—1919年）。他也创作基督教场景，并在《库克姆之复活》（1924—1927年）这幅画里达到顶峰。画中描绘了艺术家本人和其他普通人正在起死回生地站起来，而背景则来源于约翰·多恩对墓地的描绘——“天堂神圣的郊区”。斯宾塞在基督教图像方面最著名的作品便是汉普郡伯克利尔的桑达姆纪念教堂的《士兵的复活》（1927—1932年）。这个小教堂是为纪念一位死于马其顿战役的军官而建，整座建筑的装饰来源于中世纪画家乔托。然而，斯宾塞在这面侧墙上却摒弃对基督主题的直接描绘，而是用图画描写了军

去哪里欣赏斯宾塞的作品？

- 剑桥，菲茨威廉博物馆
- 伦敦，帝国战争博物馆
- 利兹美术馆
- 伯克利尔，桑达姆纪念教堂
- 库克姆，斯坦利·斯宾塞美术馆
- 伦敦，泰特英国美术馆

你知道吗？

斯宾塞结过两次婚。1937年，他离开自己的首任妻子，即画家希尔达·卡莱恩，而跟他们的邻居帕特里夏·普里斯结了婚。显然，这两位女性都无法接受他提出的“三角关系”。帕特里夏后来又回到她女朋友身边，而斯宾塞则继续跟希尔达生活，直到她1950年去世。

队的日常生活。他以独特的敬意，描绘了衣物浣洗、清洁打扫、装备查看等，连填充茶缸的细节都包括在内。

20世纪30年代，斯宾塞的作品充斥着性爱主题。部分图画尤为反映了他扭曲的情色生活，而其他作品，例如多个版本的《爱的祝福》（1937—1938年），则表达了他对人类性爱之神圣本性的信仰。他还打算在库克姆修建一座教堂，把这些画放进去，并在这里通过性爱来得到救赎，可惜这个计划未曾实现。这些作品不但呈现出令人难以接受的肉欲，其风格也不受欢迎。《爱的祝福》中，人物被严重扭曲。斯宾塞对细节的关注也走向了极端，例如《两幅裸体肖像：艺术家和他的第二任妻子》（1937年）。画中人物和动物的肉体纹理，招致人们将之与卢西安·弗洛伊德晚年作品比较。对于30年代的英国而言，这样的作品无疑是难消化的。

随着毫无救赎希望的第二次世界大战的爆发，在早期的战斗中，斯宾塞被肯尼斯·克拉克指派为战地艺术家。除了一系列描绘克莱德河上的战舰结构图之外，斯宾塞也回到“复活”的主题，创作了不朽的画作《复活：格拉斯哥港》（1947—1950年）。

这些艺术上的成功使得斯宾塞在20世纪50年代重新赢得当权者的赞誉。他与皇家学院重归于好（30年代时他曾与该学院论战争吵），获得骑士爵位，并在泰特美术馆举行回顾展。

《库克姆之复活》，帆布油画，1924—1927年

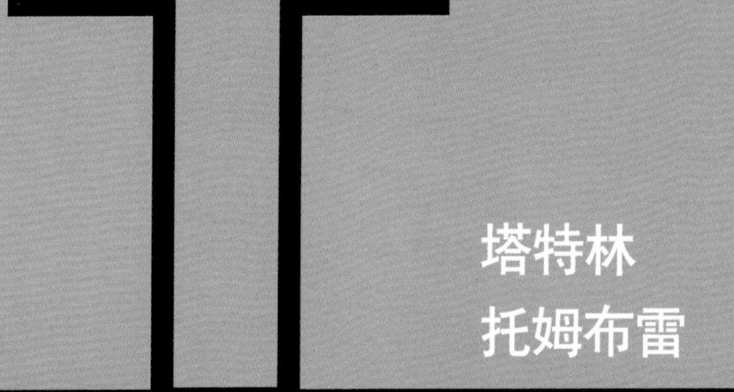
塔特林
托姆布雷

VLADIMIR TATLIN 弗拉基米尔·塔特林

俄国人
1885—1953

1885年，弗拉基米尔·塔特林出生于俄国莫斯科。这位充满幻想的构成派艺术家与俄国革命紧密相连。可惜苏维埃政府后来开始推崇更为保守的社会主义现实主义，他的影响力也随之式微。

弗拉基米尔·塔特林在乌克兰东部的哈尔科夫市长大，在他搬回出生地莫斯科之前，曾在商船队当过学员。他在莫斯科靠画肖像为生。20世纪的第一个十年期间，他在莫斯科和奔萨的大学里学习，在受到西方艺术的影响之余，俄国的宗教艺术亦成为一个重要的补充。第一次世界大战前期，米哈伊尔·拉里奥诺夫及其同伴在努力坚持俄国传统艺术的同时，亦发展出一种现代主义风格，而塔特林在这时候跟他们走得很近。

塔特林在这个时期的作品包括艺术装置和服装设计，作品受到巴勃罗·毕加索和亨利·马蒂斯的启发，带有强烈的国家色彩。这种西式影响可见于《有节奏的人体》（1913年），然而1914年他在巴黎见到毕加索之后，这种影响就显得更加强烈了。这次会面之后，塔特林不仅开始尝试立体派绘画和包括书写在内的抽象拼贴画，他还用天然物品做雕塑。《角落柜台的救赎》（1914—1915年）这件遗失的作品不仅使用非常规的媒介，甚至还无视作品本身与平面展示墙之间本该有的正常关系。

去哪里欣赏塔特林的作品？

- 纽约，现代艺术博物馆
- 圣彼得堡，俄罗斯国家博物馆
- 莫斯科，特列季亚科夫画廊

你知道吗？

1930年左右，塔特林把大量精力用在改善Letatlin空气循环或滑翔机上。他的调查研究包括对鹤的翅膀的解剖，还在莫斯科新圣女修道院钟楼进行各种尝试。然而，尽管这个发明具有极高的审美趣味，却从来行不通。

1917年十月革命之后，这种强调建筑和材料本身，而藐视个人表达形式的特点，将塔特林置于拥护苏维埃政府的艺术目标当中。塔特林被赋予了各种管理职责和教学角色，最为著名的是，他在1912—1920年，为“第三世界纪念碑”设计了一个木制模板。虽然这件原型后来被摧毁了，它却成为一个巨型旋转雕塑的基础，这个雕塑所围绕的内部大梁，象征着带领新世界的政府。它的轴线指向北极星，仿佛在强调这座建筑的梦想。

塔特林在这个时期的作品包括先锋派的剧院设计和表演以及大量旨在为劳工男女所用的设计项目上，包括衣服、火炉、陶器和人体工学家具等，还包括各种班杜拉琴的版本，这是塔特林特别喜欢的一种弦乐器。然而，当他在20世纪20年代早期达到事业最顶峰时，政府却不再支持他，他所在的构成主义团体也排斥他。他晚年退居到静物画流派里。

《裸体》，帆布油画，1913年

《第三世界纪念碑》（复原品），木材、金属及红泥颜料，1919—1920年

CY TWOMBLY 赛·托姆布雷

美国人
1928—2011

赛·托姆布雷（1928年出生于美国弗吉尼亚州列克星敦市，原名埃德温·帕克·托姆布雷），这名常年居住在意大利的美国画家，尤以古物为其创作灵感。他的画作总是围绕古典主题，但作品中的强烈色彩、充满感染力的笔触和涂鸦元素却又带着彻底的现代主义外形。不过他自己却不参与抽象表现主义的运动。

赛·托姆布雷名字里的“赛”来自他的父亲，而他父亲则是为纪念棒球手赛·扬而取了这个昵称。托姆布雷在波士顿完成学业后，于1950年在纽约加入艺术学生联盟，其后又到了北卡罗来纳州的黑山学院进行学习。比这些经历更为重要的是1952年他与艺术家朋友罗伯特·劳森伯格一起去意大利和摩洛哥的旅行，他带着一本画满图案的速写本归来。在这段时期里，他还开始练习用自己的左手或在黑暗中画画，以此摆脱他自己对作品的操控。不可避免的结局是，这种尝试再加上他在帆布上附加的古怪涂鸦，使他这段时间的画作显得半生不熟。

1957年，他迎娶了一位贵族小姐，并获得一座罗马宫殿，风光地回到意大利，还进行了海上旅游。此期间他捕捉到地中海“白、白、白”的特性，并绘制成一系列瞩目的画作。这些作品与他耸人听闻的《八月节》系列画作，例

去哪里欣赏托姆布雷的作品？

- 得克萨斯州，休斯敦，梅尼尔收藏博物馆之赛·托姆布雷美术馆
- 华盛顿，史密森尼学会，赫希洪博物馆和雕塑园
- 慕尼黑，布兰德霍斯特博物馆
- 纽约，现代艺术博物馆
- 伦敦，泰特现代美术馆

你知道吗？

托姆布雷对古典文化的热爱包括古典诗人，例如卡图卢斯和莎孚，他们的诗作还出现在他的部分画作里。除此之外，他也十分热爱他家乡的建筑。他曾骄傲地指出，列克星敦地区拥有“比古代罗马或希腊更多的柱子”。

如《八月节 II 》（1961年）形成戏剧性的对比。托姆布雷的事业之路回荡在刻苦训练和放纵不羁之间。也许是因极简主义艺术的影响，1970年左右，他的作品呈现出大量留白的特点。这个特点淋漓尽致地展现在《面纱上的论文》（约1968—1970年）这六幅单色作品上。

到了20世纪70年代中期，他的作品重新变得丰富多彩，包括古典古代雕塑的创作和明亮且富有流感的绘画。这种特性在20世纪80年代达到了顶峰，例如他受威尼斯触动而画的《无名（九个部分的绘画）》（1988年），这幅画如今收藏在休斯敦的梅尼尔收藏博物馆。其他作品，例如在1993年到1995年创作的《四季》系列同样展示出一种丰富的感官效果，同时也暗含着生命不同阶段的意义。与此形成对比的是，十年之后，面对伊拉克战争（2003—2011年），托姆布雷却在帆布上用血红色的弧线勾勒出恐怖的画作。作为一位如此痴迷于过往文化的人，托姆布雷保持着对当下现实清醒的认识。

《冬季》，油画颜料、油漆、铅笔、蜡笔及帆布，1993—1994年

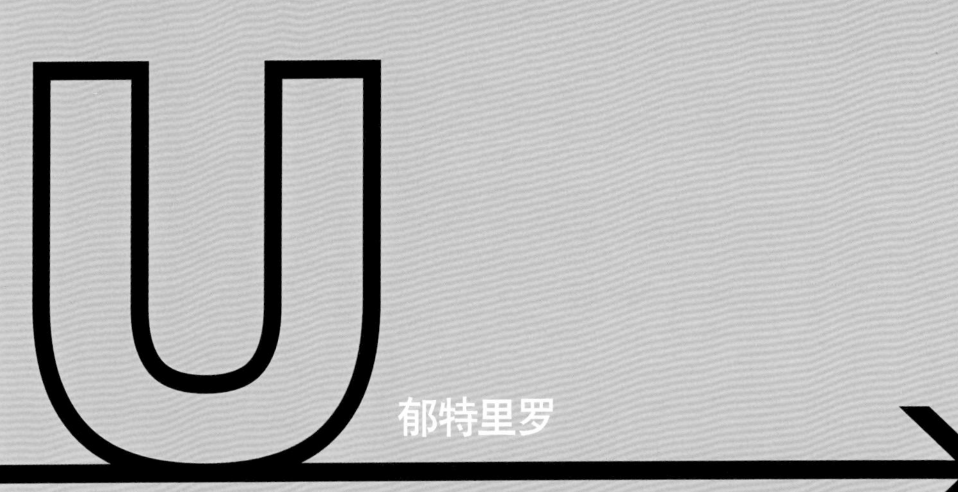
郁特里罗

MAURICE UTRILLO 莫里斯·郁特里罗

法国人
1883—1955

1883年，莫里斯·郁特里罗出生于法国巴黎。这位未经正规培训的艺术家，却创造了让人难以忘怀的巴黎景色，特别是在第一次世界大战前的时光里。他受到自己的母亲，即画家苏珊·法拉登的熏染，尽管她是个酒鬼，却还是获得了国际上的瞩目。1950年，他代表巴黎参加威尼斯双年展。

郁特里罗是法国蒙马特区的波西米亚原住民，说话带着第十八区的特殊口音。尽管他被他母亲的朋友加泰罗尼亚记者米格尔·郁特里罗收养了，却还是经常自称为“法拉登”。他的生父是个谜，不过，外界猜测可能是皮埃尔·皮维·德·夏凡纳或者皮埃尔–奥古斯特·雷诺阿，甚至可能是米格尔·郁特里罗本人。郁特里罗年轻时已经开始酗酒，正因为此，为了给他正面影响，他的母亲便把他推向绘画。尽管这种早期的艺术治疗并没有消灭他的嗜酒症，但终究还是把他导向了一条成功的事业之路。

跟之前的印象派画家相仿，郁特里罗也画过巴黎郊区穷乡僻壤之地的绿地和冒着烟的烟囱。尽管受到卡米耶·毕沙罗和阿尔弗莱德·西斯莱的影响，但他的作品更呈现出丰富的厚涂颜料，有时甚至直接用调色刀，对黑色的使用频率也更高，例如《芸香圣田园》（约1920年）这幅作品。

郁特里罗也是一位十分出色的起草构图者，他对线条十分敏感，这一点可从他的建筑绘画中看出来，例如《巴约讷大教堂》（1915年）。从他广受好评

去哪里欣赏郁特里罗的作品？

- 巴黎，蓬皮杜中心
- 伯尔尼美术馆
- 纽约，大都会艺术博物馆
- 巴黎，橘园美术馆
- 波士顿美术馆

你知道吗？

郁特里罗的画作大部分是靠记忆或明信片来画的。尽管许多人批评他这一点，他的母亲苏珊·法拉登却跳出来维护他：“我的儿子把图画明信片变成了杰作，而那些幻想着自己创造杰作的人却仅仅生产出明信片。”

的“白色时期”可看出他看重暗淡压抑的白垩化色调，这也是他后期发展出来的调色板。紧跟着“白色时期”之后的作品引人注目，获得了巨大的成功，成为高价卖座品。他理应成为一名活力四射、色彩鲜艳的调色师。《街景》（1924年）这幅作品中，画了许多从后面观望的女人，营造出一种雨后出现明亮阳光的景象。他画完这幅如此明快的画作之后，却试图在警察拘留室里自杀。

郁特里罗整整一生都饱受酗酒症的痛苦，不仅被禁闭在收容所里，也受到家人的过分管控。尽管如此，他后期还是在自己的婚姻里摸索出了像样的生活步调。《圣女贞德的出生地》（1935年）这幅作品融合了许多圣徒之物，还有一行题词："致我亲爱的女人圣路易斯"。

《芸香圣田园》，木板油画，约1920年

维奥拉

BILL VIOLA 比尔·维奥拉

美国人
1951—

1951年，比尔·维奥拉出生于美国纽约。这位影视艺术家通过技术手段，对普通生活和超自然问题进行比较，作品中充满对过去伟大艺术的敬意。佛教、基督教和苏菲神秘教派通通被扔进他的混合制品中，创作出引人入胜的图像和故事。

1973年，维奥拉从雪城大学毕业。这时候的他，开始跟大卫·都铎及电子社团里的作曲家一起做实验音乐，并一直持续到1980年。他有一件早期装置艺术叫作《他为你哭泣》（1976年），该作品运用了闭路电视，把电影观看者也呈现其中。其关键图像是画廊观者在一滴水中的倒影，这无疑揭示了他对象征图形的偏好。

维奥拉的大部分作品是跟他的妻子吉拉·派罗芙一起合作的。《天堂与地球》（1992年）通过监测一个濒临死亡的老妇和一个新生婴儿，强调这两者之间的交互作用。屏幕的位置设定营造出更为紧张的氛围，他们俩的画面如此接近，仿佛能看到彼此，正如生命与死亡交相辉映，互相包含。这个生命与死亡的主题在《南特三屏画》（1992年）中得到延续。

在这段时期，维奥拉的作品呈现出中世纪晚期或文艺复兴时期祭坛装饰品的图像和形式。这种偏好的例子有《问候》（1995年），这是一个录像装置，

去哪里欣赏维奥拉的作品？

- 巴黎，蓬皮杜中心
- 巴塞尔美术馆
- 加州，圣迭戈，当代美术馆
- 伦敦，泰特现代美术馆
- 纽约，惠特尼美国艺术博物馆

你知道吗？

维奥拉跟随禅宗大师Daien Tanaka学习水墨画和冥想。这帮助他看到“物体的意义”，并对他的视频艺术产生直接影响。“我感觉到……强烈而无休止的摄影画面好比全神贯注的视野，它传递了一种意识里的变迁……改变的不是物体，而是你。”

《问候》，录像/声音装置，1995年

画面是三个女人的见面。这种基督教主题式探视的不朽画面取材于雅各布·达·蓬托尔莫的一幅油画。这件作品之后，紧接着又出现了另一件根据信徒艺术而创作的作品，即2003年展出的《受难曲》。这些作品所运用的慢动作，以及它们暗示神圣的画面感，似乎带着那么一点不祥之感。不过，毫无疑问的是，维奥拉的作品通过位置的并置，唤起了非常底层的情感，讲述了很普遍的经历。

维奥拉的装置艺术呈现出的戏剧特点，使得它们在公众舞台上成为完美杰作。2004年，为配合瓦格纳的歌剧《王者之心》，他创作了一套视频序列。在各场演出中，维奥拉的艺术装置除了作为背景之外，也在没有音乐伴奏的情况下在伦敦上演了两场。这充分说明了比起世界公认的艺术，这些视频更强调维奥拉透过图像以及各种元素和仪式特征，所展现的宇宙意义。

《南特三屏画》，录像/声音装置，1992年

沃霍尔

怀特利

ANDY WARHOL 安迪·沃霍尔

美国人
1928—1986

1928年，安迪·沃霍尔出生于美国宾夕法尼亚州匹兹堡。凭着一头漂白的头发和无情的声音，他成为20世纪60年代波普艺术的缩影。波普艺术的黄金时期过去之后，他依然努力保持它的余热，并在20世纪80年代完美地反映了那个年代对金钱和名声的狂热崇拜。沃霍尔留下了大量作品，尽管漫不经心的随意是他对艺术的态度，但这些作品还是敲响了高雅文化的大门。

安迪·沃霍尔出生在匹兹堡一户捷克移民的家庭里。他受教于卡内基技术学院，后来于1949年搬到了纽约。早期，他作为商业艺术家为杂志画插图。这一经历为他在20世纪60年代早期创立波普艺术奠定了基础，例如他用丙烯和石墨绘制的《金宝罐头汤》（1962年）。沃霍尔还把这些作品套上不同的外包装画在木头上，以此模糊传统雕塑和无所不在的商业文化之间的界线。

沃霍尔对波普艺术做出的最标新立异的贡献就是用丝网套印来改变电影明星的照片。在《四个玛丽莲》（1962年）这件作品中，梦露那熟悉的面孔不计其数地出现在各种明亮的水墨色调里。除了表面上的重复之外，这位女演员的面孔在各种各样的表现手法中，相邻两幅画之间总有一丝不同。所以，这件作品从整体上公然挑战了独一无二的“高雅”艺术和批量生产的流行图像之间的传统区别。

去哪里欣赏沃霍尔的作品？

- 宾夕法尼亚州，匹兹堡，安迪·沃霍尔博物馆
- 洛杉矶郡艺术博物馆
- 得克萨斯州，休斯敦，梅尼尔收藏博物馆
- 慕尼黑，布兰德霍斯特博物馆
- 科隆，路德维希博物馆
- 伦敦，泰特现代美术馆

你知道吗？

沃霍尔的助手在曼哈顿的工作室，也就是众所周知的“工厂”里为他制作丝网套印品，而他的身边也围绕着一批反文化的人物。这个圈子里的其中一个人物是女权主义激进分子维米莉·苏莲娜，她在1968年企图枪杀沃霍尔。沃霍尔在这次枪杀案中活了下来，然而多年以后却死于胆囊手术的并发症。

《金宝罐头汤》，帆布丙烯画，1962年

沃霍尔采用这种方法，不仅炮制了伊丽莎白·泰勒、马龙·白兰度和埃尔维斯·普雷斯利，还创作了标题为《灾难》的丝网套印品。这个耸人听闻的系列作品再现了报纸上那些轰动一时的标题和照片，例如电椅、车祸或种族暴动等。对沃霍尔而言，没有任何一个主题会因为太平凡或太悲剧而不适用。他就像众多媒介一样，任意地重复这些图像，肆意地传播。

如同他的前辈马塞尔·杜尚一样，沃霍尔也通过复制来嘲弄列奥纳多·达·芬奇的作品，例如《两个蒙娜丽莎》（1963年），以及数字画《自己做》。不过，要论表达作者之死的杰作，没有任何一部作品比得上《帝国》这部八小时电影。1964年，这部片子没有任何导演，在一个夏季的夜晚，只用一个视角，花了六个小时拍摄美国帝国大厦。然后，他用慢速度播放，使得影片本身更加“令人不想观看”。

20世纪70年代对沃霍尔而言，充斥着数不清的丝网套印肖像，这些作品通常都是富人或名人重金委托的。不过到了这个十年的后期，沃霍尔开始进行一些更加野心勃勃的项目，包括根据一张影子照片做出来的一系列印刷品，以及在涂满铜质漆的画布上小便，以此获得抽象图案——这又是一个挑战传统艺术创作概念的行为。

晚年的沃霍尔跟年轻一代的艺术家合作，其中包括让-米歇尔·巴斯奎特和凯斯·哈林，这些人在他去世后没多久也离开了人世。沃霍尔去世后，他的作品总被其他人拿出来做文章，并经常被艺术家德博拉·卡斯所颠覆。

《四个玛丽莲》，帆布丝网套印，1962年

BRETT WHITELEY 布莱特·怀特利

澳大利亚人
1939—1992

布莱特·怀特利（1939年出生于澳大利亚悉尼）是从澳大利亚脱颖而出的最成功的艺术家之一。他到处旅行，用活泼的色彩和线条设计进行绘画。在画作中，他力图找到“抽象主义、现实主义和表现主义的力量”之间的平衡。

怀特利早期见到文森特·凡·高的作品复制品之后，便对艺术产生了极大的热情。20世纪50年代晚期，他在朱利安·艾什顿艺术学校的夜校学习画画。他一边在一家广告公司上班糊口，一边创作了许多具象氛围的油画，例如《排屋》（1956年）。1960年，他获得了去往意大利的游学奖学金。这时的他受到罗杰·希尔顿等英国艺术家的影响，绘画风格变得更加抽象。1961年，也就是他迁往伦敦的这一年，泰特美术馆买下了现如今名为《红色无名画》（1960年）这幅作品。

然而，他并没有放弃具象艺术。20世纪60年代期间，他在传统流派绘画上取得了巨大成功，例如静物画、风景画和裸体画。他为自己的妻子温蒂·茱莉亚所画的一幅沐浴图展示了他在自然主义和抽象主义中拥有各种程度的绘画能力。1964年，连环杀手约翰·克里斯蒂在怀特利所住的伦敦西部作案，这时他的系列画作里便出现了黑暗主调。

1967年，怀特利获得一个去纽约学习并工作的机会。之后，他便开始用多

去哪里欣赏怀特利的作品？

- 悉尼，新南威尔士美术馆
- 悉尼，沙利山，布莱特·怀特利工作室
- 纽约，大都会艺术博物馆
- 新南威尔士，纽卡斯尔城市美术馆
- 伦敦，泰特现代美术馆

你知道吗？

克莱夫·詹姆士的回忆录《坠向英格兰》（*Falling towards England*）（1985年）有一段描写画家吉布斯·巴克利的段落让人印象特别深刻，它是这么写的：“无与伦比的最成功的年轻澳大利亚流放者。”书中把他的妻子德丽丝形容为“身穿牛仔裤和T恤衫的凡·艾克天使”。这两个人很可能都不是真名。

种多样的木画板创作一幅巨作，并用照片、玻璃纤维及其他拼贴画形式来丰富画面的纹理。在那动荡不安的时期里，他深受反对越南战争（1954—1975年）的声浪的影响。他在富士山待了一年之后，才于1969年重返澳大利亚。类似《倾听自然》（约1967年）这种厚涂颜料并带着狂乱情绪的作品，正出自他进行各种材料实验的多产时期。

《炼金术》（1972—1973年）这幅作品是“恐怖海峡”（英国一支乐队）的相册封面的改良版，这类作品应该说是相当晦涩的自我肖像。不过除此之外，他在这个时期的其他作品则更为坦率地歌颂澳大利亚的风光。《大橙子（日落）》（1974年）这幅作品描绘了一大片明亮的树林，其中五彩缤纷的若隐若现的浮絮和色点使得整个画面栩栩如生。这幅温暖的画作实际上是受到它的雕塑伙伴的启发，即《（独立的深蓝色的）棕榈树》（1974年），这是一株用玻璃纤维丝制作而成的棕榈树，用的是怀特利最喜欢的深蓝色调。他的作品横跨具象与抽象的边界，不仅感情充沛，而且极富实验性。怀特利画出了如此生动的作品，却严重依赖毒品和酒精，他认为那些东西能释放他的创造力。最后，他在新南威尔士州一个汽车旅馆里因吸食海洛因过量而死亡。

《大橙子（日落）》，木头油画拼贴画，1974年

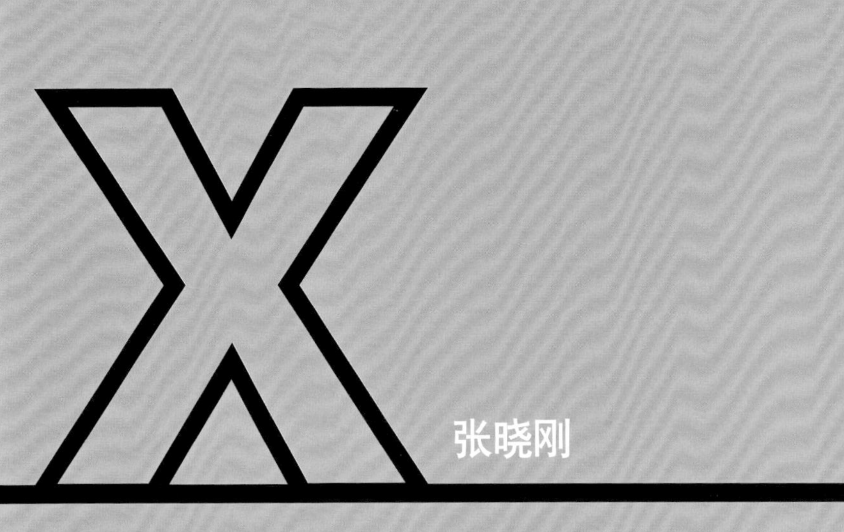
张晓刚

ZHANG XIAOGANG 张晓刚

中国人
1958—

这位艺术家以独特的方式模仿旧式照片，创作了部分当代中国最知名的作品。尽管这些画面毋庸置疑带有重复性，但这恰恰是其要点之一——它们表达了中国艺术界在因循守旧的大背景下，亦允许个人的微光穿透这层灰霾。

张晓刚（1958年出生于中国云南省昆明市）在“文化大革命”（1966—1976年）的动乱中成长，他的父母在那段时期里被远送他乡进行再教育。1977年到1982年，他就读于重庆的四川美术学院，当时的教学主张社会主义现实主义，这种具象风格主要强调社会主义国家的力量和工人阶级的英雄气概。张自己的早期作品因受到19世纪法国绘画的影响而侧重于风景画，他花了很长一段时间才发展出一种更为独特的风格。经过一段特别难熬的人生低谷之后，他于1992年造访德国期间忽然顿悟，由此重新思考他的国家身份和个人身份。

张居住在北京，并在这里创作了大量尤为出色的作品，其中大部分是单色调的人物画，这些人物看起来似乎由于传统家庭和社会契约而互相关联。例如在《全家福》系列画作中，《三个伙伴》（1994年）和《血统：大家族2》（1995年）总会反复出现一抹红色颜料，仿佛由此将这些人物串成一个整体。画中人物那种相似的恐惧模样增强了他们之间的亲属感。男人和女人没有太大

去哪里欣赏张晓刚的作品？

- 悉尼，新南威尔士美术馆
- 堪培拉，澳大利亚国家美术馆
- 布里斯班，昆士兰美术馆
- 深圳美术馆

你知道吗？

张的全家福照片是这位艺术家一个很重要的创作动力。有一回，他找到一张母亲年轻时的照片，发现里面的她跟印象中那位多灾多难的女人完全不同，他由此受到启发而创作了《全家福》系列作品。

《血统：大家族2》，帆布油画，1995年

的性别差异，大脑袋、长鼻子和小手使他们笼罩在一种怪异的气氛中。他们全都衣着朴素，且全都显得冷漠无情，加上那种正襟危坐、静止不动的姿势，使他们看起来更像人体模型而不是人。

除了这些表面上的共同点之外，这位艺术家与画中角色的关系却相当多样化。有些角色看起来是近处的大特写，仿佛正被仔细端详，而另一些角色则以全身姿势出现。《我的梦想：小将军》（2005年）展示了一个小男孩的大部分身体。他的上半身穿着军装，腰部以下却裸着。这种怪异的混搭使画面显得既有英雄气概又很可笑，形成公众与个人之间的对比，以及角色和人性之间的对比。最意味深长的是男孩的脸上有一片颜料，就像老照片上的污渍一样。这种方式暗暗表达了一种自我身份的宣言，一种对世俗的小小反叛，尽管这种宣言从来不曾真正实现过。

张在绘画中所使用的技法使他的画中人显得更加默默无闻。柔和的聚焦点和暗淡的光泽模糊了一切容貌特征。那些呆滞的眼神和没有表情的面孔，使他的画中人物看起来就像耳聋目盲似的，他们筋疲力尽地追逐自己理想化的梦想，而这个梦想却不知何时到来。

Y
吉原治良

JIRŌ YOSHIHARA 吉原治良

日本人
1905—1972

1905年，吉原治良出生于日本大阪，他在战后时期日本先锋派运动中扮演着至关重要的角色。作为1954年出现的“具体派”团体的创始人之一，他发展出一种接近抽象画派和行为艺术的激进表现手法，并泰然自若地向全世界做出宣言。

吉原治良出身于富裕的商人家庭。当他还是个年轻艺术家时，便已经承袭了西方艺术风格，其中有一部分受到刚从巴黎回来的画家吉原神山的影响。他从模仿保罗·塞尚开始，从印象派经由野兽派过渡到超现实主义和几何抽象派。镰仓&叶山町的现代美术馆里有他一幅1936年左右所画的无名画，这幅画的特点是白色的背景中散布着非具象形状、低调的色彩，以及没有透视感的流动构图。

继承家族食用油生意的财产之后，治良在第二次世界大战后的日本先锋派运动中具备了挑大梁的能力。1954年，他为大阪的“具体派”团体提供资金来源。这个组织的成立者包括他的学生嶋本昭山以及他的行为艺术伙伴村上三郎及白发一雄。

治良自己所画的很有质感的作品，例如《白色绘画》（1958年），毫无疑问受到西方表达抽象派的影响。然而，在1956年的团体宣言中，他又十分尖锐

去哪里欣赏治良的作品？

- 芦屋町艺术与历史博物馆
- 宾夕法尼亚州，匹兹堡，卡内基美术馆
- 福冈美术馆
- 镰仓&叶山町，现代美术馆
- 东京，国立近代美术馆

你知道吗？

身为“具体派”的领导，治良要确保这个团队不落入复制欧洲艺术的俗套。为此，他甚至命令他的学生（同时也是“具体派”的成立者之一）昭山停止在他的画上做熔化穿孔的效果，因为它们看起来就像模仿意大利艺术家卢齐欧·封塔纳鞭打帆布制造效果一样。然而事实上，昭山在创作的时候根本没见过封塔纳的作品。

地指出，“具象派”的意思是“具体”，而非“主观”。与他的同僚一样，治良也把重心放在艺术的身体行为上。同年，他在一次展览中加入互动环节，他竖起一块名为《请随意画》的板子，鼓励孩子和其他观众在上面乱涂乱画。他的其他行为则更为高调，例如1960年那场“国际天空节”，来自日本及国外的艺术作品被悬在白色气球上，飘浮在天空里。

治良虽然是日本先锋派运动的领头羊，但他的作品却往往根植于日本本土的传统。他与盛田昭夫一起践行了先锋派版本的书法，并受禅宗的启发创作了一系列圆圈图画。《白色的圆》（1970年）这幅作品足以例证他的绘画方法，他只在背景涂颜料，留下空白的圆形帆布来代表中心图形。治良把自己生命的最后十年光阴都奉献给了这些绘画，有的画是单色调的传统笔法，有的则由鲜艳的色彩组成，使人联系到抽象表现主义。这些图形虽然重复，但每一个圆圈图却不尽相同。治良总是说，他对任何一个圆都不满意。然而这些作品（大部分作品都命名为《作品》）却完美地体现了冥想之路，把思想灵性具象化，与“具体派”的行为和艺术表演所体现的物力论形成鲜明对比。

《作品》，帆布油画，1965年

Z

佐科斯

LARRY ZOX 拉里·佐科斯

美国人
1937—2006

拉里·佐科斯（1937年出生于美国艾奥瓦州得梅因）是美国抽象艺术从不规则的表现式风格变迁到更为棱角分明风格的例证。他的图画总是由各种颜色的平面构成，常常有两三个平面叠加交错，使得横截段看起来就像彼此要分开似的，例如《橙色时光》（1965年）。这位著名的调色师以他那生气勃勃的几何作品表达了一系列物理现象，不带一丝显而易见的情绪。

佐科斯先后就读于俄克拉何马大学和德雷克大学，后来又在得梅因艺术中心跟乔治·格罗斯学习。1958年，他迁居纽约后，通过把颜料纸片钉在胶合板上的方式创作了许多抽象拼贴画。这些早期作品上参差不齐的具有表现力的边缘逐渐被更为平直、更加不带个人色彩的线条取代。1963年，他开始创作《循环》系列作品。画面中，一个标准的几何图形以各种不同的颜色组合被不断重复。

尽管佐科斯后来放弃了拼贴画，而仅仅用颜料进行创作，但他偶尔还是会在这样的绘画中使用胶合板或有机玻璃做成的浮雕。例如，在他的三维作品中，帆布边缘的三角形白色区域里可看到刻痕和挖空的地方。到了20世纪70年代，他开始在绘画中通过不规则形状和不均匀的薄洗颜料，使作品重新呈现出更加柔和且不规则的特色。不过，纵观他整个艺术生涯，他最大的兴趣点依然

去哪里欣赏佐科斯的作品？

- 纽约，现代艺术博物馆
- 华盛顿，史密森尼学会，赫希洪博物馆和雕塑园
- 华盛顿，国家艺术馆
- 伦敦，泰特现代美术馆
- 纽约，惠特尼美国艺术博物馆

你知道吗？

20世纪70年代，佐科斯在纽约二十号街的工作室相当出名，一度成为艺术家、拳击手和自行车骑手的聚集地。他同时也是曼哈顿马克思堪萨斯城市夜总会的常客。后来，他改变了生活环境，在达特茅斯学院和耶鲁大学等常春藤名校做驻地艺术家。

《循环B》，帆布丙烯画，1964年

在强而有力的物理效果上——表现出位移、膨胀、弯曲和重叠的感受——运用这种感官，他玩味十足地操纵着二维图画的平面。

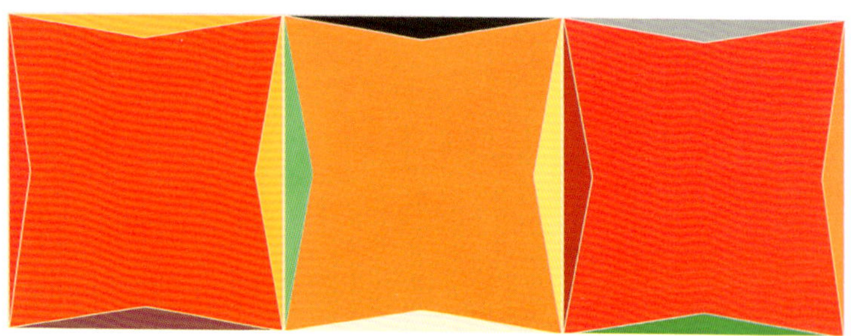

《双子座系列1》，帆布丙烯画，1968年

伟大的艺术
总是跟在大
自然身后。

——马克·夏加尔

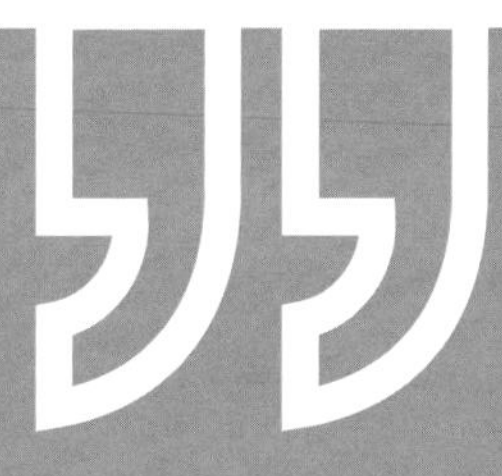

GLOSSARY 术语表

抽象表现主义：这场绘画运动主要发生在美国，20世纪四五十年代获得了国际名声。这个术语适用于广泛的抽象风格，包括强烈的情绪或具有表现力的内容。

抽象创作社：这是1931年成立于巴黎的艺术家团体，致力于发展非具象艺术，曾定期举办团体展览，直到1936年为止。

分析立体主义：立体派（1908—1912年）的分支，其特点主要是碎片化的形状、多重视角和大量的单色颜料，也称为综合立体主义。

阿波罗派：与希腊的阿波罗神有关，主要描绘理智、逻辑和克制，也称为酒神派。

艺术学生联盟：1875年成立于纽约的艺术学校，以其非正规的办学方法而闻名。学校不会授予学位，学生的作品也不分年级。

自动主义：一种表面上不受任何意识操控的艺术创作实践，其过程把自由联想和某种机会元素整合一起（例如贴花转印、擦印画、刷除术等）。这种方法与超现实主义有关，也受西格蒙德·弗洛伊德的无意识探索影响。

酒神派：涉及古代的酒神，与狂暴和醉酒有关，也称为阿波罗派。

包豪斯：一所极具影响力的德国学校，涉及艺术、设计和建筑学，其活跃期从1919年到1933年。

本戴：连环画的一种印刷法，用许多单个点构成一幅图画。

黑山学院：美国北卡罗来纳州北部的所重点学院，活跃期从1933年到1957年，以其跨学科和实验性教学法著名。

圆与方：创立于巴黎的抽象派艺术家团体，1931年改团为“抽象创作”。

查克穆尔：前哥伦布时期的中美洲雕塑，其特点是体积庞大的倾斜人物，头部通常与身体呈直角。

色面派：20世纪五六十年代的抽象运动，以大块平面色块为特点。

构成主义：受现代工业启发而展开的抽象运动，初期与弗拉基米尔·塔特林等艺术家相关。

立体主义：第一次世界大战备战时期由巴勃罗·毕加索和乔治·布拉克开发的极具影响力的前卫风格，其作品由碎片化的形状组成，使观者仿佛从不同角度看一件事物。

达达主义：第一次世界大战期间在苏黎世形成的反战左翼运动，包括视觉艺术、诗歌和表演，并在其他欧洲城市和纽约开展示威运动。它逐渐瓦解了艺术和艺术家的传统概念，在超现实主义的形成初期扮演了至关重要的角色。

贴花转印：通过折叠或按压的方式把一幅画转印到另一个表面上的技术，是自动主义的部分创作过程。

风格主义：1917年成立的荷兰抽象艺术家团体，他们在作品中严格遵循几何学的方法，1932年之前还出版了一本相同名字的刊物，也称为新造型主义。

点彩派：19世纪末发展的一种绘画技巧，其基本原理是通过对比色的并置形成强烈的色彩效果，而这些效果又在视野里融合成一幅画，也称为点描绘派。

卡塞尔文献展：1955年开始，每5年在卡塞尔举办一次的当代艺术展，具有很高的国际影响力。

巴黎画派：1900年到1940年期间，巴黎被认为是西方艺术的中心，大量艺术家受到吸引从世界各地拥向巴黎，形成了这个画派。

存在主义：一个影响力很大的哲学运动，该运动认为个体在宇宙中的存在从本质上是毫无意义的、深不可测的。

表现主义：这个术语泛指表达艺术家内在感受的艺术，尤以生动活泼的色彩和自由挥洒的笔触为特征。

野兽派：大约从1904年到1908年期间出现的法国运动，以简化的形状为特征，使用非天然的颜色进行随意绘画。

擦印画：由马克斯・恩斯特发展出来的绘画技巧，将纸放在有纹理的表面上，用铅笔或其他绘画材料在纸上摩擦。

未来主义：始于1909年的意大利运动，囊括了文学、雕塑、绘画、摄影和建筑，主要表现当代生活的活力和激情。

刷除术：马克斯・恩斯特发明的技艺，在有纹理的表面上把帆布上的油画颜料刮下来，露出帆布底下的图案。

偶发艺术：没有叙事结构或文本的艺术事件或表演，通常包含观众的参与或互动。

印象主义：始于19世纪60年代末的法国艺术运动，特点是强调现代主题、不拘形式的作品和鲜亮的色彩。画室作品与户外绘画的结合促成了一种明亮的写生风格。

喀土穆学校：20世纪50年代末之前由易卜拉欣・埃尔-萨拉希发起的苏丹艺术家团体。它受现代主义和泛非洲主义的影响，是非洲最主要的当代艺术运动之一。

梅森奈特纤维板：由木纤维做的硬纸板，表面光滑，用于绘画。

极简派：始于20世纪50年代的艺术运动，以简单的几何图形为特点，并否认个体表达，其作品通常由工业材料做成。

现代主义：20世纪的大型运动，内容涵盖艺术、建筑和设计。该运动推陈出新，旨在为当代世界创造一个全新的正统美学。

新造型主义：这个艺术习语与风格派，尤其是皮特・蒙德里安有关。该派适用于只用基础颜色和黑白灰创作的抽象画，作品以长方形、水平线和垂直线为基础。另请参阅风格主义。

新浪漫主义：该绘画风格较多描绘第二次世界大战时期的英格兰风景，也指代20世纪20年代初期在巴黎出产的形象绘画。

拼贴艺术：最早由乔治・布拉克和巴勃罗・毕加索开发的技艺，把绘画和各种纸类拼贴画结合在一起。

点描绘派：点彩派的一种形式，画家在这里仅用明亮的有鲜明对比的色点作画。

波普艺术：源于20世纪50年代的国际运动，该运动从流行文化和广告的视觉语言中获得灵感。

后印象派：这个术语用丁指代1886年最后一场印象派展览之后继往开来的艺术家风格（主要有保罗・塞尚、保罗・高更、乔治・修拉和文森特・凡・高）。

前哥伦布时期：欧洲殖民之前的北非、中非和南非的文化统称。

七五社团：成立于1919年的英国艺术家团体，早期拥护非学术，特别是形象艺术。1924年本・尼科尔森的加入为其他抽象艺术家的参与铺设了道路，到了20世纪30年代，该团体卓有成效地展开促进抽象主义的运动。

至上主义：1924年由安德烈・布勒东掀起的艺术文学运动，该运动受西格蒙德・弗洛伊德的哲学理论影响，鼓励在创作中运用无意识。它包含梦境般的图像以及与自动主义有关的技艺创作的作品。

综合立体画派：起于1912年的立体派分支，其特征是色调跨度大的色彩、透亮的作品以及在绘画中运用拼贴画及其他材质，也称为分析立体画派。

第一单元：1933年由艺术家和建筑师成立的英国团体，它拥护一系列当代运动，包括抽象主义和超现实主义。它只举办过一次团体展览。

INDEX 索引

Page numbers in *italics* refer to illustrations

PICTURE CREDITS

图片出处说明

akg-images © DACS, 2015 177.
Archives H Matisse © Succession H Matisse/DACS 2015 124, 125.
Art Gallery of New South Wales Gift of Patrick White 1975 © Wendy Whiteley 204.
Courtesy **Bill Viola Studio** 196 above & below. Photos Kira Perov. Additional credits: performers in The Greeting are Angela Black, Suzanne Peters, Bonnie Snyder.
Bridgeman Images De Agostini Picture Library 137; Empire State Plaza Art Collection, Albany, New York/Photo Boltin Picture Library © Artists Rights Society (ARS), New York (NY) and DACS, London 2015 216 below; National Gallery of Art, Washington DC © The Pollock-Krasner Foundation/ARS, NY and DACS, London 2015 160; National Gallery of Australia, Canberra/Gift of Sunday Reed 1977 148; Private Collection/Christie's Images © the artist 208; Private Collection © The Lucian Freud Archive/Bridgeman Images 64.
Corbis Burstein Collection © Morgan Art Foundation/ARS, NY and DACS, London 88; Christie's Images 136; Christie's Images © The Andy Warhol Foundation for the Visual Arts, Inc/ARS, NY and DACS, London 2015 201; Daniel Gonzalez Acuna/Demotix © The Henry Moore Foundation. All Rights Reserved. DACS 2015/www.henry-moore.org 140; Derek Bayes/Lebrecht Music & Arts © ADAGP, Paris and DACS, London 2015 60; Francis G Mayer 80; Georgios Kefalas/epa © The Estate of Alberto Giacometti (Fondation Giacometti, Paris and ADAGP, Paris), licensed in the UK by ACS and DACS, London 2015 68; Manfred Rehm/dpa © DACS 2015 24; The Gallery Collection/Chagall ®/© ADAGP, Paris and DACS, London 2015 37; Walter Bibikow/JAI © The Easton Foundation/DACS 2015 29.
Getty Images Dan Regan 164; Hulton Archive © Bowness, Hepworth Estate 72; Marco Secchi © David Hockney 76; Matt McClain for The Washington Post via Getty Images © National Gallery of Art, Washington DC 116; Peter Macdiarmid/Getty Images for The Hepworth Wakefield © Bowness, Hepworth Estate 73; Tony Vaccaro © Georgia O'Keeffe Museum/DACS 2015 152; Walter Mori/Mondadori Portfolio via Getty Images 133.
Photo **Giulia Hetherington** 185.
Via **Hauser & Wirth** photo Hidoto Nagatsuka/courtesy of the Rachofksy Collection © Shinichio Yoshihara/ 212.
Via **Louise Bourgeois Studio** photo Christopher Burke © The Easton Foundation/ DACS 2015 28.
National Gallery of Art, Washington DC Chester Dale Collection 132.
Photo Scala, Florence Albright Knox Art Gallery/Art Resource, NY © The Josef and Anni Albers Foundation/VG Bild-Kunst, Bonn and DACS, London 2015 12; Art Resource, NY © 2015 Banco de Mexico Diego Rivera Frida Kahlo Museums Trust, Mexico, DF/ DACS 96; BI, ADAGP, Paris © ADAGP, Paris and DACS, London 2015 121; BI/ADAGP, Paris © The Estate of Jean-Michel Basquiat/ ADAGP, Paris and DACS, London 2015 21; Christie's Images © ADAGP, Paris and DACS, London 2014 192; Christie's Images © The Estate of Francis Bacon. All rights reserved. DACS 2015 17; Digital image, The Museum of Modern Art, New York © ADAGP, Paris and DACS, London 2015 112, 113; Digital image, The Museum of Modern Art, New York © Cy Twombly Foundation 188; Digital image, The Museum of Modern Art, New York © DACS 2015 25; Digital image, The Museum of Modern Art, New York © Succession Miro/ ADAGP, Paris and DACS, London 2015 128; Philadelphia Museum of Art/Art Resource, NY © Succession Marcel Duchamp/ADAGP, Paris and DACS, London 2015 52.
Courtesy **Stephen Haller Gallery** © Esate of Larry Zox 216 above.
SuperStock 100; Bridgeman Art Library © 2015 The Andy Warhol Foundation for the Visual Arts, Inc/ARS, NY and DACS, London 200; Chagall ®/© ADAGP, Paris and DACS, London 2015 36; Christie's Images 104; Christie's Images © ADAGP, Paris and DACS, London 2015 120; Christie's Images © The Estate of Jean-Michel Basquiat/ ADAGP, Paris and DACS, London 2015 20; © DACS 2015 41; Fine Art Images 184; Fine Art Images © 1998 Kate Rothko Prizel & Christopher Rothko, ARS, NY and DACS, London 172; Fine Art Images © 2015. Banco de Mexico Diego Rivera Frida Kahlo Museums Trust, Mexico, DF/DACS 97; Fine Art Images © DACS 2015 176; Fine Art Images © Rodchenko & Stepanova Archive. DACS, RAO, 2015 169; Iberfoto © Salvador Dali, Fundacio Gaia-Salvador Dali, DACS, 2015 48; © Jasper Johns/VAGA, NY/DACS, London 2015 92; ImageBroker 108; Joseph Martin/Album © Succession Picasso/DACS, London 2015 156; Museum of Modern Art, New York © The Estate of Francis Bacon. All rights reserved. DACS 2015 16; Peter Willi © ADAGP, Paris and DACS, London 2014 32; Stefano Baldini/age fotostock 105; Tomas Abad © DACS 2015 40.
Tate, London © Angela Verren Taunt 2015. All rights reserved, DACS 144; © Ibrahim El-Salahi. All rights reserved, DACS 2015 57; presented by Lord Duveen 1927 © Tate, London 2015 180; © Saloua Raouda Choucair Foundation 44.
Courtesy **Vadehra Art Gallery**, New Delhi, India © Estate of M F Husain 84

ACKNOWLEDGEMENTS

致谢

假如没有人站在我的身后，在我踟蹰不前时用尖棍戳我后背的话，这本书根本不可能完成。借用伟大的广告领袖乔治・洛伊斯的话来说：“拥有一个理解你并对你的生活及工作理念有极大贡献的助手，是一份无上的祝福。”而我要将这份祝福归功于我的助手莉比。她帮助我完成眼前的这部作品，而她唯一的过失就是允许我突发奇想地创作另一系列的图像。另外一位必须致谢的人就是珍妮特・威尔克斯，即莉比的母亲。她本人是一位艺术家，当这本书的推进工作出现差错时，她给予了我们有益的建议和支持。我还要感谢章鱼出版社的汉娜・诺丽斯，她以专业的眼光给予这本书成型的想象。另外，还要感谢克里斯托弗・马斯特发自内心地为每一位艺术家的形象注入生命。

责任编辑　汉娜・诺丽斯
编　　辑　波林・贝奇
设　　计　安迪・图伊
图片搜索　茱莉娅・赫瑟林顿
产品经理助理　露西・卡特

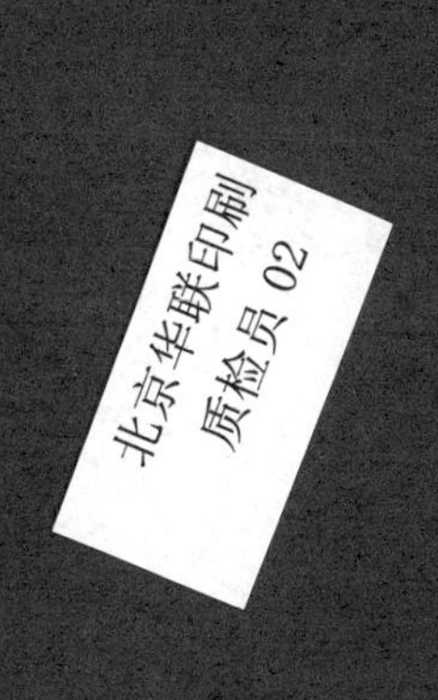
北京华联印刷
质检员 02